Sanidad interior

Un acercamiento bíblico

Víctor Cabrera

Editorial Mundo Hispano

Editorial Mundo Hispano
Apartado 4256, El Paso, Texas 79914, EE. UU. de A.

www.editorialmh.org

Editores: Juan Carlos Cevallos
María Luisa Cevallos
Diseño de la portada: Cecilia Gonzales

Primera edición: 2002
Clasificación Decimal Dewey: 248.48
Tema: Doctrina y teología

ISBN: 0-311-09055-9
EMH Núm. 09055

7 M 12 02

Impreso en EE. UU. de A.
Printed in U.S.A.

TABLA DE CONTENIDO

Introducción

La expresión "sanidad interior" es parte de la nueva nomenclatura que han introducido ciertos integrantes de algunos de los llamados "movimientos carismáticos" o "movimientos de renovación". Temas como "sanidad interior", "liberación", "guerra espiritual", "unción", entre otros, están en boga hoy en gran parte de la cristiandad. Existen organizaciones que se ocupan específicamente de promover todas estas doctrinas. Un ejemplo de ellas es *"Harvest Evangelism"* en EE. UU. de A., llamada anteriormente *"Overseas Crusades"* y conocida en español como "Evangelismo de Cosecha".

Hank Hanegraaff, presidente del Instituto de Investigaciones Cristianas de California, en su bien documentada obra "El Cristianismo en Crisis"[1] analiza las enseñanzas de los más conspicuos ideólogos y promotores del "Movimiento de la Fe", que a sí mismos se proclaman profetas escogidos de Dios. Algunos de ellos son más conocidos en América Latina por sus libros en español y/o sus campañas de sanidades, como por ejemplo Benny Hinn, Morris Cerullo y Paul Yongui Cho. Hanegraaff dice que en algunos de estos referentes del citado movimiento han influido renombrados evangelistas de avivamiento y sanidad del pasado, como T. L. Osborn, William Branham y Kathryn Kulhman. También menciona empresas y entidades que difunden estas enseñanzas, entre ellas, el Centro de Entrenamiento Bíblico *Rema* de Oklahoma, la Iglesia Pentecostal Unida (UPC), la *International Convention of Faith Ministries,* y la

[1]Hank Hanegraaff, *Cristianismo en Crisis* (Miami: Editorial Unilit, 1993), p. 28.

emisora más poderosa del mundo *Trinity Broadcasting Network* con casi 450 estaciones y más de 1.000 sistemas de cable que le permiten llegar a 16 millones de hogares.[2]

Según Hanegraaff :

> Si los sistemas cultistas y ocultistas como el Movimiento de la Nueva Era representan para el cuerpo de Cristo la más grande amenaza desde afuera, el cáncer mortal representado por estas citas[3] constituye una de las más grandes amenazas al cristianismo desde adentro.[4]

Continúa diciendo que las enseñanzas de estos predicadores internacionales acerca de milagros y sanidades constituyen un cáncer mortal que está devastando al cuerpo de Cristo. Estos maestros del "Movimiento de la Fe" ocupan muchas de las más poderosas tribunas y controlan vastos recursos económicos, por lo que no es fácil extirparlas. Pero felizmente, este "cáncer" es curable. Hay que advertir de este peligro como lo hicieron Jesús y sus apóstoles en su época frente a las falsas doctrinas que entonces pululaban, y hay que insistir en la enseñanza de la sana doctrina bíblica de un cristianismo centrado en Cristo.

Según sus propulsores no se trata de nada nuevo, sino de antiguas verdades bíblicas que han sido descuidadas por siglos y que ahora se están redescubriendo. Además, de que Dios está dando a algunos de sus siervos escogidos una nueva visión para que transmitan al pueblo todas estas enseñanzas; todo esto como parte de un avivamiento del Espíritu Santo en estos últimos tiempos que vive la humanidad, en cumplimiento de la profecía de Joel 2:28. Las siguientes citas confirman esto:

El evangelista Carlos Anacondia ha expresado en una entrevista periodística:

> Creo que estamos viviendo el tiempo del profeta Joel:

[2]Ibíd., pp. 356, 384, 413.
[3]Hanegraaff se refiere a las citas de afirmaciones hechas por Kenneth Copeland, Morris Cerullo, Benny Hinn, Frederick K. C. Price y Kenneth E. Hagin, que él incluye en su libro.
[4]Ibíd., p. 12.

> "en los postreros días, dice Dios, derramaré de mi espíritu sobre toda carne..." ...América Latina no había sido visitada por el Señor como lo está siendo en estos últimos años. Esto ha hecho que se levanten ministerios y ha ungido en forma especial a hombres y mujeres... Por eso desde muchos países están mirando hacia esta parte del mundo y nos miran como una respuesta a lo que tanto han pedido: recibir una visión nueva, una unción renovada del Espíritu para que justamente ellos puedan ganar sus ciudades, sus pueblos, su gente... Así como los problemas se han globalizado, la iglesia se ha globalizado. Hoy podemos ver un predicador de los Estados Unidos predicando en Ushuaia y un predicador de Ushuaia predicando en Alaska o en Nueva York. Ahora esto es un gran derramamiento del Espíritu Santo, justamente lo que nos faltaba... Dios está bautizando con el Espíritu, está derramando milagros hasta el punto de que a veces sus ropas quedan impregnadas de un polvo de oro, muelas emplomadas milagrosamente en oro, milagros creativos, resurrección de muertos. En muchos lugares está sucediendo esto.[5]

En lo que respecta puntualmente a "Sanidad Interior" dice Daniel Bravo: "Creo firmemente, que como pueblo de Dios estamos transitando un camino nuevo [...] el término nuevo no implica que el tema de la sanidad interior sea algo inventado en este tiempo, sino que, en este tiempo el Señor nos está dando una nueva visión para descubrirlo".[6]

Hay varios temas relacionados con la vida cristiana que se incluyen dentro del título "sanidad interior": el amor, el perdón, la fe, la confesión, la oración y otros. Todos éstos se podrían agrupar bajo el tema vida cristiana, espiritualidad o santificación, de modo que se podría evitar el uso de los términos "sanidad interior" que han traído confusión y han dividido a los cristianos.

La teología que subyace en estas doctrinas cuyos nombres son atractivos, y generalmente bíblicos, ha tenido una cálida y amplia recepción especialmente en los grupos y denominaciones de orientación pietista, que junto con el misticismo y el

---

[5] Carlos Anacondia, citado por Alberto Ávila, "Cumpliendo con el proyecto de Dios", *La corriente del Espíritu,* Año 4, Nº 39 (noviembre de 1999), p. 4.

[6] Daniel Bravo, "Acerca de la sanidad interior", *El Expositor Bautista,* Año LXXXVII, No. 5, (mayo de 1996), p. 42.

emocionalismo pueden ser caldo de cultivo de nuevas creencias. Lo mismo puede suceder con grupos e iglesias tradicionales, pues muchas veces no están muy interesados en la enseñanza de la doctrina y tampoco buscan una relación viva con Dios, sino que parece que son religiosos por herencia. Sin embargo, estas doctrinas y prácticas están siendo resistidas por iglesias y cristianos que procuran estar bien fundamentados en los conocimientos bíblicos. Los muchos libros sobre sanidad interior que han aparecido en esta última década contienen muchas verdades bíblicas y enseñanzas inobjetables sobre la vida cristiana. Además contienen abundantes conceptos psicológicos que se tendrán que evaluar desde esa perspectiva, lo que se sale del propósito de esta obra. Pero, lamentablemente, también contienen muchas enseñanzas que no se hallan fundamentadas en un análisis bíblico profundo.

PRIMERA PARTE

"Sanidad interior"

Capítulo 1
Terminología

La expresión "sanidad interior" ha traído no poca confusión. Esto se ilustra por una observación que hizo un "predicador laico", con más de cincuenta años de servicio cristiano y que ha trabajado como consejero, maestro de la Biblia, predicador y evangelista, quien dijo: "Yo no sé nada de sanidad interior". Lo curioso es que algunos jóvenes, con una experiencia cristiana de relativamente poco tiempo, ya son "verdaderos especialistas" en el tema. ¿A qué se deberá este fenómeno? ¿Será que aquel veterano siervo de Dios no leyó bien su Biblia? Y si esa "doctrina" está en la Biblia, ¿qué pasó con los pastores que él tuvo en su iglesia, con los innumerables libros que él leyó y con la infinidad de estudios, conferencias y predicaciones que escuchó durante tantos años? ¿Cómo es que nadie descubrió hasta ahora un tema tan "relevante"?

Algunos explican esta situación diciendo que estamos en los "últimos tiempos", por lo que Dios está revelando cosas nuevas a su pueblo. En el libro "Latinoamérica en Llamas" de Pablo Deiros y Carlos Mraida, se lee:

> La base bíblica para el avivamiento espiritual de los últimos tiempos se encuentra en la profecía de Joel, en el pasaje que Simón Pedro escogió para su célebre sermón en el día de Pentecostés (Hech. 2). Dice el profeta Joel: "Después de estas cosas derramaré mi espíritu sobre toda la humanidad: los hijos e hijas de ustedes hablarán de mi parte, los viejos tendrán sueños y los jóvenes visiones. También sobre siervos y siervas derramaré mi espíritu en aquellos días; mostraré en

> el cielo grandes maravillas, y sangre, fuego y nubes de humo en la tierra. El sol se volverá oscuridad, y la luna como sangre, antes que llegue el día del Señor, día grande y terrible". (Joel 2:28-31, Dios Habla Hoy)... Si bien la iglesia primitiva vivió y sirvió bajo un verdadero diluvio del Espíritu Santo, de ninguna manera esa experiencia fue el cumplimiento total de la profecía de Joel... El cumplimiento absoluto de la profecía de Joel debía esperar hasta que "toda la humanidad" tuviese la oportunidad de escuchar el evangelio. ¡Y eso es lo que está ocurriendo en nuestra generación![1]

Tal explicación no es convincente, por decir lo menos, por dos razones: Primera. Ninguna revelación extrabíblica puede ser base de una doctrina, pues las "nuevas revelaciones" siempre serán subjetivas; pudieran tener cierto valor para el que las recibió pero no puede pretenderse que todos las acepten como que vienen de Dios. Por causa de esa clase de revelaciones extrabíblicas es que han surgido tantos grupos sectarios y prácticas extrañas. Los fundadores de ciertos grupos sectarios insisten en que sus enseñanzas son revelaciones divinas y por ende todos los cristianos están obligados a aceptarlas y creerlas. ¡En qué caos viviríamos si aceptáramos como verdad de Dios todo lo que los supuestos profetas dicen haber recibido por revelación divina! ¡Qué de contradicciones habría que creer!

Segunda. El que estemos en los "últimos tiempos" no es ninguna novedad, como tampoco que estos "últimos tiempos" han empezado en años recientes. Los "últimos tiempos" empezaron con la primera venida de Cristo y culminarán en su segunda venida en gloria. Todas las generaciones, desde Jesús en adelante, estamos viviendo en los últimos tiempos. Veamos unos pocos pasajes bíblicos que nos ilustran este concepto (los destacados de cada cita son del autor): "en estos **últimos días** nos ha hablado por el Hijo..." (Heb. 1:2). El apóstol Juan dice: "Hijitos, ya es la **última hora;...**" (1 Jn. 2:18). También el apóstol Pedro habla de Cristo como el cordero

[1]Pablo Deiros y Carlos Mraida, *Latinoamérica en llamas* (Miami: Editorial Caribe, 1994), pp. 169, 170.

"...destinado desde antes de la fundación del mundo, pero ha sido manifestado en los **últimos tiempos** por causa de vosotros" (1 Ped. 1:20).

Es indudable que cada año que pasa nos acercamos más al gran final, pero nadie puede decir cuántos días, años, o aun siglos pasarán hasta que Cristo regrese a la tierra. No es la primera vez que se dice que estamos muy cerca del gran final. En distintas épocas de la historia muchos notables cristianos creyeron que la situación imperante no podría continuar mucho tiempo más. Así fue antes de la caída del Imperio romano, en el tiempo de La Reforma, y a principios de este siglo. Decir que porque estamos en los últimos tiempos Dios da nuevas revelaciones, no tiene ningún asidero bíblico.

En realidad la terminología "sanidad interior" no es muy feliz. Sería mejor llamarla "sanidad espiritual" o "sanidad del alma", términos que pueden ser equivalentes a la salvación, si en realidad nos referimos a la salvación de los hombres.

En la concepción de algunos miembros del movimiento carismático moderno, la "sanidad interior" es la sanidad de las emociones. Si es así, se trata de "sanidad psicológica" y está dentro de la competencia del área de la psicología. De modo que esta sanidad que mencionan algunos carismáticos debería llamarse más propiamente "sanidad psicológica" y así se evitaría confusión. Arline Westmeier expresa:

> La estructura sicológica es una parte muy importante de nuestra naturaleza humana. Sin embargo, casi nunca se habla en nuestras iglesias acerca de la sanidad que esta área requiere. Casi nunca se menciona que Cristo también vino a sanar nuestra siquis. Dicha sanidad casi siempre la dejamos en manos de los sicólogos, la mayoría de los cuales no conocen a Cristo. Es una lástima la carencia de una adecuada enseñanza en esa área, ya que el Señor vino para sanar nuestra siquis como nuestro espíritu y cuerpo.[2]

Hay temas con nombres modernos pero que han sido

[2]Arline Westmeier, *Sanidad del alma herida* (Miami: Editorial Unilit, 1991), p. 17.

enseñados en todos los tiempos. Por ejemplo el vocablo "mayordomía". Este es un término bíblico que se ha empleado en la segunda mitad del siglo XX para enseñar el principio de la soberanía de Dios como creador y sustentador del universo, y también acerca de la responsabilidad de la creatura humana para administrar todo lo que Dios le permite utilizar en procura de su bienestar. Así, la "mayordomía integral" es la administración del tiempo, de los dones y de los bienes materiales por parte del hombre. Todas las verdades contenidas en esta palabra se han enseñado en la iglesia en todos los tiempos de la historia, con distintos términos pero la misma verdad.

Lo mismo podría decirse de la "acción comunitaria" o "acción social cristiana". Siempre se ha enseñado el amor práctico hacia el prójimo y el deber moral de ayudarlo en sus necesidades.

Sin embargo, no se puede decir lo mismo de la "sanidad interior" como la presentan sus modernos expositores. Mucho de su contenido nunca se enseñó ni se practicó en la iglesia de Cristo, ni resistiría una exégesis profunda de la Biblia. Por ejemplo, la "sanidad de los recuerdos" (ver el capítulo 5) no tiene fundamento bíblico aunque pudiera tenerlo en la psicología. Las teorías psicológicas pueden pasar de moda mientras que lo que está fundamentado en la palabra de Dios no dejará de tener vigencia nunca. Los problemas psicológicos y psiquiátricos de las personas deben ser tratados seriamente por profesionales responsables.

Otro ejemplo de una enseñanza no escrituraria y arbitraria, y por lo tanto errónea, es relacionar el mal que alguien sufre con alguna "atadura" demoníaca, algún contacto con el ocultismo, alguna maldición heredada de algún antepasado, etc. (ver el capítulo 2).

Es cierto que la psicología es una ciencia incipiente (comparada con otras), pero eso no implica que no sea competente para curar a los que padecen enfermedades psíquicas. También es cierto que en Israel, como en casi todas las religiones antiguas, el sacerdote era el curador (Deut. 24:8), y que los pastores son en un sentido espiritual herederos del sacerdocio hebreo, pero eso no los justifica para ejercer, sin título habilitante, de médicos o psicólogos, ocupándose de todas las enfermedades físicas y desajustes psicoemocionales de sus fieles.

Capítulo 2
Temas predilectos

I. SESIONES DE "SANIDAD INTERIOR"

En las sesiones de "sanidad interior" se busca detectar el pecado que ha causado el problema que aflige al paciente. A veces el guía dice tener revelación divina especial sobre algunos aspectos del pasado de la persona que está siendo ministrada. Frank Hammond relata:

> Una vez estaba ministrando a una señora a quien conocía bastante bien. La ministración estaba bloqueada y los demonios se resistían a salir. Esa noche Dios me despertó y me dijo una palabra de conocimiento: "aborto". Pensé que sabía lo suficiente de esa mujer como para darme cuenta que nunca había tenido un aborto, pero al día siguiente le pedí que me dijese si alguna vez había estado en conexión con un aborto. Ella quiso saber cómo lo supe, y le dije que el Señor me lo había revelado. Entonces me contó que tres meses antes una vecina había ido a verla. La vecina estaba embarazada con un cuarto hijo. No quería tener más hijos y pidió la opinión de mi amiga sobre el aborto. Ella aconsejó a la vecina que se lo hiciera. Cuando comprendió que esto era malo, lo confesó y los demonios comenzaron a salir de ella.[1]

Cuando se llega al meollo del problema el paciente tiene que renunciar a todo vínculo con ese pecado. En caso de que ese pecado esté relacionado con el ocultismo con el cual se haya contactado él o alguno de sus antepasados, tiene que de-

[1]Frank e Ida Hammond, *Cerdos en la sala, guía práctica para liberación* (Miami: Editorial Unilit), p. 125.

clarar su renuncia. Analicemos estos elementos: confesión, revelaciones y renuncia.

1. La confesión

Hace mucho tiempo que los evangélicos se dieron cuenta del valor que tiene el confesonario católico para la salud emocional de los creyentes. Si bien desde el punto de vista doctrinal es inadmisible, aquel que confiesa sus intimidades y tiene la tranquilidad de que el confesor es una tumba, recibe un alivio muy grande. Además tiene la garantía de que aunque confiese delitos no va a ser denunciado ante la justicia.

Sucede entre los católicos como en todas las religiones. Están los que son sinceros, que cuando se confiesan, de verdad están compungidos de corazón y anhelan fervientemente el perdón de Dios. También están los que se confiesan por mera formalidad pensando volver a pecar para repetir el trámite. Piensan que pueden engañar a Dios. Entre nosotros, los evangélicos, también hay supersticiosos que participan de la Cena del Señor con la idea de recibir el perdón, o dan rigurosamente el diezmo en la iglesia, o dan una buena ofrenda, siempre con la misma idea de algunos católicos.

La confesión de nuestros pecados a Dios, si es sincera, tiene la plena garantía del perdón de parte de Dios, y ese perdón hace que lo que realmente hicimos mal, y por lo que nos arrepentimos, no sea tenido en cuenta nunca más por Dios, como si no lo hubiéramos cometido. Dios no nos va a enrostrar los pecados perdonados. Están como sepultados definitivamente en el fondo del mar.

En la práctica de la sanidad interior, a veces, el paciente tiene que confesar intimidades, asuntos muy personales que lo perturban. Pero el evangélico está en desventaja frente al católico porque el o los que "ministran" no han hecho votos de absoluta reserva. ¡No hay secreto de confesonario entre los evangélicos! En una iglesia, un líder recibió la "revelación" de que un marido era infiel a su esposa, y como consideró que era pecado ocultar un pecado, se decidió a darlo a conocer a la iglesia, con lo que se produjo un escándalo de no poca monta que ocasionó la disolución del matrimonio después de mucho dolor para toda la iglesia y toda la familia.

La confesión sigue siendo un gran remedio para la salud mental. Al confesar los traumas que los "guías" tratan de desentrañar del pasado del que se confiesa, sienten que se sacan un peso de encima. Pero el cristiano debe confesarse en privado a Dios contra quien ha pecado, pues es el único que puede perdonar; no debe confesarse a quien no tiene facultad de perdonar, sea un sacerdote, un pastor o un "ministrador" de sanidad interior.

2. Revelaciones

Algunas personas que han asistido a sesiones de "sanidad interior" han venido a decirme: "Pastor, me dijeron todo lo que me pasó, ¿cómo lo sabían? Hay cosas que no las podían haber sabido". Y deducen de esto que necesariamente tiene que ser algo milagroso: una revelación de Dios. Lo curioso es que nunca le adivinan el futuro, lo que les va a pasar dentro de una semana, un mes o un año.

Exactamente lo mismo les ocurre a los que van a los curanderos y a los que "tiran las cartas". A veces las preguntas son tan sutiles y el "ministrador" es tan hábil en el interrogatorio para obtener información que los "ministrados" no se dan cuenta de que están contando intimidades y creen que el "ministrador" está adivinando "¿Cómo lo sabe usted?" reaccionan. Veamos algunos hechos que nos ayudarán a llegar a una conclusión. Neil Anderson dice: "Usted tiene que cooperar con la persona que está intentando ayudarle compartiendo lo que está sucediendo en su mente".[2] En este mismo libro Anderson cuenta de una señora joven que estaba sufriendo un trastorno por causa de un abuso del que fue víctima cuando era joven; estuvo en tratamiento con un consejero por cuatro años. A pesar de cumplir con todos los conse-

[2]Neil Anderson, *Rompiendo las cadenas* (Miami: Editorial Unilit, 1998), p. 205.

jos en cuanto a los asuntos familiares y sociales no mejoró.

Al fin, el consejero se la llevó a Anderson, y este comenzó la investigación diciéndole: "Platíqueme de las amistades de su niñez, Cristina," y continuó hasta lograr que ella le confesara que siendo niña participaba, en la casa de una vecina, de ritos ocultistas que incluían actos sexuales.[3]

A mí me ha sucedido muchas veces en la consejería pastoral que me doy cuenta del verdadero problema que tiene la persona sin que ella me lo diga. Cuando se lo menciono, me pregunta: "¿Cómo lo sabe?". Yo no le digo que Dios me lo reveló para no dejarle la impresión que Dios me lo reveló directa y sobrenaturalmente. La verdad es que uno que ha vivido unos cuantos años, y conoce la naturaleza humana así como la naturaleza de la tentación, suele advertir cuál es el fondo del conflicto.

Pero también puede tratarse de facultades naturales que no todos ejercen. Hay hipnotizadores que hacen dormir a las personas como espectáculo público, y éstas con la mente adormecida hacen todo lo que se les ordena sin que lo recuerden al despertar. Samuel Vila cuenta la experiencia de un familiar suyo que era director de una sección de tejidos en una importante fábrica de su pueblo natal:

> Al salir de su trabajo, se halló en la plaza pública, con un corro de personas que admiraban un espectáculo de hipnotismo. Se trataba de un magnetizador forastero, de paso por el pueblo. Al ver acercarse al recién llegado, preguntó a la sonámbula qué llevaba aquél en el bolsillo. Esta respondió: "Un objeto de metal con un cristal en medio". "¿Para qué sirve?", interrogó de nuevo el magnetizador. "Para contar hilos", respondió la sonámbula sin vacilar. Efectivamente, era el instrumento óptico que siempre llevaba consigo el referido técnico, para su trabajo. Es de notar la rareza del pequeño instrumento, seguramente el único en el corro. Habría sido más fácil acertar, en aquellos tiempos, si hubiese dicho un reloj de bolsillo. Y sobre todo el conocimiento del uso a que estaba destinado; lo que con toda seguridad no

[3]Ibíd., pp. 79, 80.

habría acertado la sonámbula en estado normal si le hubiesen mostrado el mismo instrumento. Pero todo ello estaba en la mente de nuestro pariente, y probablemente fueron un reflejo de su propio pensamiento las respuestas de la sonámbula.[4]

Tony Campolo[5] cuenta que en una campaña evangelística en la costa oeste de los Estados Unidos de América, un predicador, afamado carismático, que atraía multitudes impresionantes y cosechaba ofrendas a raudales, solía apabullar al auditorio con sus "profecías". Por ejemplo, decía más o menos así: "Dios me está revelando que aquí en el público hay alguien que tiene una hermana en tal ciudad de California, que padece de cáncer. Dios quiere sanarla para que pueda criar a sus tres niñas y a su pequeño bebé. Que esa persona se levante y venga aquí al frente para que yo le imponga las manos y ore por su hermana". El hombre aludido, asombrado y conmovido hasta las lágrimas, decía: "soy yo", en medio de aleluyas y aplausos de un público frenético. Y así como éste, muchísimos casos más, que convencían a la congregación de los poderes divinos que este predicador ejercía. Pero un día fue descubierto.

Alguien observó que tenía un aparatito, algo así como un audífono en un oído. Pensó para sí: "¡qué raro que este hombre que ora y sana a tantos de tantas graves enfermedades, no pueda resolver su propio problema auditivo!". Entonces, en una próxima reunión trajo un radio receptor de alta frecuencia con el que pudo interceptar mensajes que la esposa del evangelista le enviaba desde una sala del mismo estadio. Ella le proveía la información que él hacía creer a la gente que la recibía por línea directa del cielo. El engaño funcionaba de esta manera: La esposa del evangelista, momentos previos a los servicios, se mezclaba con la multitud, como si fuera uno más, y conversaba con muchos averiguando lo que les sucedía y así recababa datos valiosos que luego transmitía a su esposo.

---

[4]Samuel Vila, *El Espiritismo y los Fenómenos Metapsíquicos* (Grand Rapids: Editorial Tell, 1961), pp. 38, 39.
[5]Tony Campolo, *¿Cómo ser Pentecostal sin hablar en lenguas?* (Miami: Editorial Unilit, 1993), p. 17.

En el programa de televisión de Johnny Carson *"The Tonight Show"*, uno de los de mayor audiencia en los Estados Unidos de América, fue desenmascarado públicamente ante millones de televidentes por el señor que interceptó y grabó los mensajes que la mujer le enviaba al evangelista durante el desarrollo de las reuniones. Millones se rieron al comprobar que la supuesta voz de Dios y la de la esposa del predicador eran idénticas. Farsantes como éste hay quizá muchos que no son descubiertos y que explotan la candidez y buena fe de la gente para provecho personal. Hay también "sanadores" a los que se les atribuyen poderes divinos que no son tales. El padre González Quevedo cita de J. S. Fernández el libro: "Más allá de la Cuarta Dimensión. Metapsíquica, Parasicología, Neo Espiritualismo" lo siguiente:

> Un grupo de personas visitábamos al conocido vidente Nister Eric Luck, en la residencia que éste ocupaba cerca del poblado de Témperley, donde atendía en la forma más desinteresada (?) y cordial a sus convidados. Entre los presentes estaba el Dr. Olives, conocido odontólogo, a quien Luck dijo de improviso: "Usted tiene un molar cariado". La respuesta fue "no". Siguió nueva afirmación de Luck. Entonces el Dr. Olives, molesto manifestó que era dentista y que no tenía diente alguno en esas condiciones. Pero Luck, señalando con el dedo un lado de su misma cara, volvió a afirmar categóricamente: "Le aseguro a usted que en un punto así, hay una muela, que podrá estar bien por fuera, pero por dentro está hueca. Siento que ahí hay un vacío". Y luego vino la explicación del Dr. Olives: "¡Ah! Bien... ahí me falta un molar". Adivinación real, pero manifestada sólo parcialmente e interpretada con un diagnóstico equivocado.[6]

¿Qué significa todo esto? Decir que todo poder que no es de Dios es del diablo es una falsa opción, es simplismo. Es el camino más fácil para desligarse del problema y no continuar en la búsqueda de una solución. El simplista no ama la verdad. Con una explicación a priori, que no puede probar, deja el

[6]Oscar González Quevedo, *Los curanderos* (Santander, España: Editorial Sal Terrae, 1977), pp. 127, 128.

asunto de lado, se libra de la investigación. En otras palabras, se engaña a sí mismo.

Hay muchos misterios en el ser humano. Algunos poseen o desarrollan facultades excepcionales. Hay poderes que no son necesariamente divinos ni tampoco demoníacos, son humanos. El poder del psiquismo es tremendo. Puede curar como enfermar. Muchas veces las "enfermedades" que padecen los que son "sanados" son de origen histérico, y muchas veces las "curaciones" también son del mismo origen. Por eso no hay que atribuir al demonio los casos de conjuro en los que alguien enferma a otro, ni atribuir a Dios los casos de sanidad. En un sentido muy general toda sanidad viene de Dios aunque sea por medios naturales; y también en un sentido muy general la enfermedad es causada por el diablo con la entrada del pecado que él provocó en nuestros primeros padres, porque es difícil pensar que la enfermedad hubiera entrado en la naturaleza humana en un estado de perfección paradisíaca. Pero no debemos atribuir directamente a Dios o al diablo lo que tiene una explicación natural. Lo que pueden hacer los evangelistas de los movimientos de sanidad, también lo pueden hacer los sacerdotes católicos o "padres sanadores". Decir que el pastor evangelista "sana" en el poder de Dios y el cura católico en el poder del diablo, porque su teología es herética desde la óptica evangélica, me parece una arbitrariedad irresponsable.

La revelación personal siempre será subjetiva. No será obligación que los demás la acepten. Un hermano muy sincero dice ser apóstol de Jesucristo. "El requisito para ser apóstol es haber visto a Jesús, y yo lo vi", afirma. Pues bien, esa visión sirve para él, no para mí ni para la iglesia. Ni yo ni la iglesia tenemos la obligación de reconocer su apostolado entretanto Dios no me revele que dicho hermano ha sido designado apóstol por nuestro Señor Jesucristo. Además, miles de personas vieron a Jesús y no fueron por ello constituidas apóstoles, pues ver a Jesús no era el único requisito para ser apóstol. En un sentido general, todos somos apóstoles (enviados) y en un sentido especial lo son los misioneros, ya que los términos "apóstol" y "misionero" son sinónimos (el primero de origen griego y el segundo de origen latino). Pero hoy no hay apóstoles en el sentido del Nuevo Testamento. De haberlos su palabra sería tan inspirada y autoritativa como la de Pablo, Juan o Pedro, y podríamos con toda justicia añadirla a la Biblia. Ahora bien, ¡se imaginan qué Biblia tendríamos si tuviéramos que agregarle todo lo que enseñan los que se dicen ser apóstoles y profetas en el día de hoy!

Cuando se trata de una revelación para la iglesia, ésta también tendría una revelación o un aviso de Dios. Cuando el Espíritu Santo llamó a Pablo y a Bernabé para la obra misionera, también habló a la iglesia diciéndole: "Apartadme a Bernabé y a Saulo para la obra a la que los he llamado" (Hech. 13:2). El miembro de la iglesia que dice tener algún don sobrenatural o un llamamiento especial para un determinado ministerio no debe creer que sólo él tiene el Espíritu Santo. Lo tienen todos los miembros. Entonces debe esperar que la iglesia sea convencida por el Espíritu Santo para que lo reconozca y le dé el lugar que le corresponde. No puede dicho hermano obligar a la iglesia a reconocer su "vocación" si ella no ve en él las aptitudes morales, intelectuales y espirituales para ocupar la posición pretendida y reclamada.

Quisiera dejar bien aclarado este asunto de la revelación, para no dejar la impresión de que Dios no puede revelar si él lo quiere. Él sigue siendo soberano y libre y nadie puede limitarlo. Que puede revelar a alguien algo si quiere, nadie lo niega. Sería necio hacerlo. Pero también es cierto que invocando la revelación divina se han cometido y se cometen muchos abusos y engaños.

En el Nuevo Testamento el profeta Agabo predijo, por revelación del Espíritu Santo, lo que le sucedería a Pablo en Jerusalén (Hech. 21:10, 11). Por lo general, las revelaciones de la Biblia tienen que ver con el futuro, no con el pasado, porque conocer el futuro es una prerrogativa divina. Se debe recordar que la adivinación está prohibida en el Antiguo Testamento (Isa. 8:19; Jer. 27:9). En el Nuevo Testamento tenemos el caso de una adivina que fue liberada de un espíritu demoníaco por el apóstol Pablo (Hech. 16:16-18).

3. Renuncia en voz alta

Casi todos los "ministradores" exigen que el "ministrado" haga una "renuncia" en voz audible en las sesiones de "sanidad interior" y bien alta para que Satanás escuche. Neil Anderson dice: "Si usted solo le dice en su mente a Satanás que se aleje, no se alejará, porque no le puede escuchar. Usted tiene que derrotar a Satanás al hablar en voz alta".[7] Anderson le da al "ministrado" una declaración escrita y lo instruye así: "Le pido que repita cada oración y afirmación doctrinal en voz alta, explicando que Satanás tiene que escuchar al individuo cuando este renuncia a él y a todos sus caminos y escoge obedecer al Señor".[8]

¿Hay algún sustento bíblico para esta clase y forma de "renuncia"? Veamos qué dice la Biblia. Existen dos clases de "renuncia". Primero, cuando uno se convierte a Cristo, renuncia al pecado en general. Es una renuncia a la vida vieja, al viejo hombre. Esto incluye tres cosas: renunciar al diablo, quien es llamado por Pablo "el dios de este siglo" (2 Cor. 4:4); renunciar al pecado al cual el diablo nos incita; y renunciar a la carne, o sea a la naturaleza caída. Santiago dice que "cada uno es tentado cuando es arrastrado y seducido por su propia pasión" (Stg. 1:14). Esta clase de renuncia es fundamental para apropiarse de la salvación. No se puede recibir el perdón de Dios sin que exista verdadero arrepentimiento. El arrepentimiento es un cambio de manera de pensar, y por lo tanto también un cambio de actitud para con Dios, para con nosotros mismos, para con el diablo y el pecado, y para con la vida. El arrepentimiento es una renuncia no condicionada

---

[7]Neil Anderson, *Rompiendo las cadenas* (Miami: Editorial Unilit, 1998), p. 92.
[8]Ibíd., p. 253.

sino indeclinable. El verdaderamente arrepentido no especula ni con Dios ni con el diablo. Siente un verdadero dolor por haber vivido lejos de Dios y haber sido esclavo del pecado. De modo que cuando ocurre la conversión es porque ha habido una genuina y franca renuncia a la vieja manera de vivir que incluye toda la vida pasada separada de Dios. Pedro dice: "Tened presente que habéis sido rescatados de vuestra vana manera de vivir, la cual heredasteis de vuestros padres, no con cosas corruptibles como oro o plata, sino con la sangre preciosa de Cristo, como de un cordero sin mancha y sin contaminación" (1 Ped. 1:18, 19). La vana manera de vivir fue recibida por herencia y Dios nos rescató de ella por medio del sacrificio de Cristo en la cruz.

La segunda clase es la renuncia a los pecados particulares que vamos reconociendo en el curso de la vida cristiana. Cuando nos convertimos no recibimos una lista larga de todas las cosas prohibidas. En cambio, recibimos el Espíritu Santo (Ef. 1:13). El Espíritu Santo es el que santifica nuestra vida. Él nos va guiando por el camino de la verdad (Juan 16:13). Es un proceso más lento en algunos que en otros. Por medio de él vamos descubriendo aquellas cosas que son nocivas para nuestra vida espiritual y también aquellas cosas que están en abierta oposición a la expresa voluntad de Dios.

Al principio no nos damos cuenta de muchas cosas malas que eran normales para la vieja naturaleza. Por algún tiempo seguimos practicando algunos pecados. Pero a medida que crecemos en santificación (2 Cor. 7:1), vamos dejando lo malo, renunciando a todo hábito que no se encuadre dentro de lo que Dios aprueba.

Si hemos practicado el espiritismo, al convertirnos llegamos a saber que Dios reprueba y condena el espiritismo. Si hemos estado en contacto con brujos, encantadores o magos, ahora sabemos que no podemos seguir teniendo ninguna relación con sus artes mágicas. Si no hemos entendido bien y después de convertidos visitamos a un curandero o a un brujo, pronto vamos a descubrir, si somos sinceros en nuestra fe y de veras queremos agradar a Dios, que debemos renunciar a todo vínculo con lo que Dios condena en su Palabra. Esto es parte del proceso de la santificación. También vamos a ir abandonando vicios y prácticas reñidas con el espíritu del evangelio y con el estilo de vida cristiano.

Tanto la renuncia general en la conversión como la renuncia a cada pecado particular después de la conversión serán siempre individuales. No podemos renunciar al pecado de nuestros padres, sino a los personales. Así como la salvación es personal, así también la vida cristiana es personal.

Si luego de renunciar a todo lo malo que vamos encontrando en nuestra vida queremos dar testimonio público, en buena hora, puede ser muy útil para otros pero no es necesario declarar con voz audible: "Renuncio a tal cosa", porque Dios, que conoce el corazón, sabe si realmente hemos renunciado o no.

Tenía curiosidad por saber en qué pasaje bíblico se basaba el doctor Anderson para afirmar que el creyente tiene que renunciar a Satanás y que debe hacerlo en voz alta porque Satanás tiene que saber que esa persona no le pertenece. El argumento parece tener doble fundamento. En primer lugar el diablo no puede leer la mente.

En efecto dice: "recuerde que Satanás sólo queda derrotado si usted lo confronta verbalmente. Él no puede leer su mente, y no está bajo ninguna obligación de obedecer los pensamientos de usted. Sólo Dios tiene pleno conocimiento de su mente".[9] En segundo lugar, la palabra hablada en sí tiene poder: "el poder está en la Palabra hablada".[10]

Como no encontré ningún pasaje ni ningún ejemplo bíblico de lo que el doctor Anderson afirma, humildemente opino que un abogado defensor se entiende con el enemigo, y los cristianos, gracias a Dios, tenemos el mejor abogado defensor del

[9]Ibíd., p. 207.
[10]Ibíd., p. 93.

universo, el más competente, que es nuestro Señor Jesucristo. También tenemos otro abogado de igual valor: el Espíritu Santo que habita en nuestra vida.

II. MALDICIONES

1. Las maldiciones en general

Ed Murphy, un importante referente de la renovación carismática escribe:

> Para terminar este capítulo debo dar una palabra de advertencia sobre la participación en cualquier forma de actividad relacionada con el mundo espiritual que implique el uso de amuletos, e incluso la posesión de objetos físicos asociados con el mundo de los espíritus. Puesto que tales objetos fueron dedicados a ese mundo cuando se hicieron, a menudo hay espíritus malos asociados con ellos del mismo modo que los hay también vinculados con lugares y edificios que se dedicaron a su uso. Esto incluye pinturas, objetos de 'arte', esculturas, imágenes, amuletos, fetiches, libros e incluso ciertas formas extremas de rock u otro tipo de música asociada con el mundo de los espíritus.[11]

Peter Wagner asegura: "A menudo existe una relación perniciosa entre objetos demoníacos y objetos físicos, a pesar de que dichos objetos en sí no sean más que madera, metal, plástico u otra cosa parecida",[12] y cuenta que en el salón de su casa un espíritu estaba vinculado con un puma de piedra que tenía como recuerdo de su trabajo misionero en Bolivia. Después de destruirlo juntamente con otros *souvenirs* que tenía colgados en la pared, cambió la atmósfera de su casa.

Con estas ideas en mente, se debe empezar analizando el tema a la luz de la Biblia. Maldecir es expresar un deseo de mal contra alguien: que se enferme, que pierda algún bien, o se muera. La palabra hebrea más empleada para "maldición" es *arar.* La diferencia entre una maldición de Dios y una del hombre es que el hombre puede desearla, pero Dios puede ejecutar-

[11]Ed Murphy, *Manual de guerra espiritual* (Nashville: Editorial Caribe, 1994), p. 523.
[12]Peter Wagner, "Demonios existen", *Los Elegidos.* Vol. 14, p. 21.

la. Sucede lo mismo que con la bendición. Cuando bendecimos sólo expresamos deseos y oramos a Dios en ese sentido, pero él es el que realmente bendice o ejecuta el deseo que nosotros le expresamos, cuando está dentro de su voluntad por supuesto.

En Deuteronomio capítulos 27 y 28, los levitas declaran malditos, entre otros, a los fabricantes de imágenes, a los que deshonran a los padres, a los que cometen injusticia contra su prójimo, a los que incurren en incesto, a los que se dejan sobornar, a los que hieren ocultamente a su prójimo, y a los que no cumplen la ley. Luego se pasa a enumerar y describir las maldiciones, fruto de la desobediencia a Jehovah. Las cosechas se verían afectadas ya fuera por las inclemencias del tiempo o por insectos depredadores. Tanto los hijos como los animales serían presa de enfermedades, pestes y mortandad. Serían vencidos por sus enemigos al ser atacados, y padecerían toda suerte de desgracias familiares. Jehovah intervendría directamente para hacer concurrir todas las circunstancias para mal a los desobedientes, a los que no guardaban su pacto.

Otra palabra que se traduce "maldición" es *herem* (un edicto de exterminio). Se refiere a las cosas apartadas para ser destruidas. Si Dios ha ordenado que algo se destruya como ofrenda a él, para vindicación de su justicia, y alguien la guarda para sí, tal persona se hace pasible del anatema o maldición. Tal fue la experiencia de Acam que codició y guardó de entre los despojos para sí un lingote de oro y un manto babilónico. Al tocar el anatema quedó anatematizado por contaminación. Como consecuencia fue castigado por lapidación junto con toda su familia, y luego fueron quemados. Esto no se considera un asesinato masivo sino un juicio divino ejecutado por la comunidad. Por el concepto de solidaridad, también toda la familia sufrió las consecuencias del pecado cometido por un individuo.

Este caso no se puede tomar como ejemplo porque hoy en día no se castiga a toda la familia por la maldad de un individuo, pues más tarde se revelaría Dios diciendo: "En aquellos días... Cada cual morirá por su propio pecado" (Jer. 31:29, 30).

En Malaquías 3:9 leemos: "Malditos sois con maldición, porque vosotros, la nación entera, me habéis robado". Esta maldición consistía en las sequías o en las plagas que destruían las cosechas y los viñedos como castigo por retener el diezmo, que según lo establecido por la ley de Moisés (Lev. 27:30), pertenecía al templo de Jehovah.

Cristo dio un paso adelante en la revelación progresiva y enseñó que el Padre celestial "hace salir su sol sobre malos y buenos, y hace llover sobre justos e injustos" (Mat. 5:45). Y cuando vienen las inundaciones y las plagas no deben considerarse una maldición para una clase de gente en particular, porque todos las padecen. Los cristianos no están exentos de los males comunes. Si el evangelio prometiera la exención de todos los accidentes, las desgracias y las calamidades meteorológicas, sería la degradación del cristianismo. La gente entraría masivamente a las iglesias buscando refugiarse de todas las inclemencias naturales. Pasaría algo así como sucedió con la presunta conversión de Constantino y las posteriores franquicias ofrecidas por él a todos los que aceptaran la nueva fe. Los paganos entraron en masa a las iglesias y el cristianismo se paganizó. Otra promesa de maldición dice: "Quemarás en el fuego las imágenes de sus dioses. No codiciarás plata y oro que estén sobre ellas, ni los tomarás para ti, para que no caigas en la trampa por ello. Esto es abominación a Jehovah tu Dios. No meterás en tu casa ninguna cosa abominable, para que no seas anatema juntamente con ella. La aborrecerás del todo y la abominarás, porque es anatema" (Deut. 7:25, 26).

La permanente tentación de Israel era la idolatría de los pueblos cananeos. El énfasis de estos versículos es la condenación divina de la idolatría. Aun el material fundido, después de haber quemado las imágenes o estatuas, significaba una tentación porque podía alentar la superstición. No era que había algo de malo en la plata o el oro, sino que, como había servido de objeto de culto pagano, había que deshacerse de ellos y alejarlos definitivamente. Es un énfasis con el propósito de formar un pueblo fiel a Jehovah, que realice un culto espiritual y sienta repugnancia por los ídolos. En todo el ritual del Antiguo Testamento hay un énfasis en varios puntos que para los cristianos no tienen tantas implicaciones directas. Por ejemplo: énfasis en la sangre de animales, con el propósito de grabar en la mente de Israel el valor de la vida humana, porque la sangre de los sacrificios era sustitutoria de la vida de las personas, y como preparación para aceptar la sangre del Mesías como el sacrificio perfecto y final por el pecado. También un énfasis en los lavamientos con el propósito de infundir el ideal de la pureza de la vida. Podríamos seguir mencionando las restricciones de las actividades con respecto al sábado, las leyes sobre el jubileo, etc. Jehovah estaba forjando en el pueblo la conciencia de un pueblo distinto, santo, apartado para servir a Dios y que reconociera la soberanía de Dios tanto sobre la nación como también sobre las personas en particular. En otras palabras, un pueblo único en el mundo.

Hoy sabemos que hacer o tener imágenes con fines de adoración sigue siendo un pecado, pero las aceptamos con fines artísticos y didácticos. En las iglesias cristianas y en muchos hogares hay láminas y pinturas con imágenes de Jesús, María, José, los ángeles, los apóstoles y otros. Cuadros como el de la Última Cena, la sagrada familia, o de Jesús con los niños, y otros. Si no se les rinde culto, no se les pone flores ni se les enciende velas, ni se los toca creyendo que transmiten alguna gracia especial, sirven de ornamentación y recuerdan hechos espirituales importantes.

Cuando visité la ciudad de Bangkok, Tailandia, en el año 1980, entré al *watpo* (templo del Buda yacente). Es el más antiguo de los templos, data del siglo XVI. Allí está la famosa estatua, impresionantemente enorme, de Buda entrando en el nirvana.[13] Era requisito para entrar dejar el calzado en la puerta y pisar descalzo. Para el budista ese acto tiene un pro-

[13]Voz sánscrita que significa la perfección final, la meta de la salvación, disolución de toda consciencia personal y del yo.

fundo sentido religioso. Es un lugar sagrado al que va preparado para adorar. Pero para los turistas no tiene ningún significado. Solamente es el cumplimiento de un requisito de la guardia del templo por respeto a las creencias religiosas del país. El acatamiento de esa exigencia y el respeto por el culto que se profesa allí no lo hace a uno idólatra ni lo coloca bajo maldición de Dios. Para los evangélicos, que sienten repulsión por el culto a las imágenes y estatuas, por lo general no hay ningún peligro de que sean tentados a rendirle culto a un ídolo pagano. Era distinta la situación de Israel que tenía la propensión a esa clase de idolatría.

Además, muchos objetos de *souvenir* que llevan talladas o pintadas figuras de seres mitológicos, a veces grotescos, no tienen más que un sentido de interés cultural para el viajero. Suponer que con las estatuillas o esos tallados en bronce y pinturas grabadas en cuero u otro material van algunos demonios es no tomar en cuenta algunos versículos claros de las Sagradas Escrituras. En Jeremías 51:17 dice que el ídolo es mentira y que no tiene espíritu. Pablo también dice: "Sabemos que el ídolo nada es en el mundo, y que no hay sino un solo Dios" (1 Cor. 8:4). A algunos hermanos en Cristo que han viajado a otros países y han traído como recuerdo de su viaje algún jarrón u otro objeto típico del lugar, con pinturas religiosas típicas, se les ha intimidado a destruirlas diciéndoles que en los dibujos se albergan demonios y traen desgracia a la familia. Y estos creyentes sencillos, y a veces supersticiosos, creyendo que tales afirmaciones están fundadas en la Palabra de Dios, temen sin sospechar que son nada más que suposiciones humanas. Sería lo mismo que si budistas vinieran de visita a occidente y llevaran a sus países una cruz o imágenes de la Virgen para mostrar allá los símbolos religiosos de la cristiandad.

2. Maldiciones generacionales

Murphy se refiere a la maldición generacional así:

> Esta maldición generacional puede ser rota por miem-

bros de la familia que se identifiquen con los pecados de sus padres o por dirigentes nacionales que hagan lo propio con los de su país, tanto antes como después de la cuarta generación. Eso fue lo que hicieron Nehemías (Neh. 1:4-9), Jeremías (Jer. 14:20) y Daniel (Dan. 9:1-21).[14]

Esta creencia oriental en las maldiciones generacionales es lo que lleva a Murphy al extremo de decir: "Aconsejo incluso a los padres adoptivos, sin asustarlos, que hagan pasar a sus hijos por una sesión de liberación. En algunos casos de demonización grave desde la cuna, los demonios han declarado su presencia en el linaje familiar a veces durante siglos".[15]

Como comentario a estas afirmaciones, diría que las oraciones de Nehemías, Jeremías y Daniel expresan su dolor por el pecado de sus antepasados, y su concepto de solidaridad los llevó a identificarse y asociarse con su pueblo al pedirle perdón de Dios. Pero no se encuentra nada acerca de cortar o romper maldiciones heredadas. En el caso de Nehemías, fueron bendecidos posteriormente, no debido a ninguna ceremonia de "cortar maldición" sino porque asumieron una actitud personal de obediencia como está escrito en Nehemías 9:38 y todo el capítulo 10. Debemos interpretar las confesiones de Nehemías, Jeremías y Daniel como un sincero reconocimiento del pecado de Israel y de su justo castigo. Esto explica la razón de que ellos se arrepintieran y confesaran a Dios el pecado de su pueblo **sólo como acto simbólico,** que no afectaría a sus antepasados.

Queda claro, entonces, que el arrepentimiento y la confesión por los antepasados no tienen efectos retroactivos. Esto es bueno recalcarlo para que no quede una impresión equivocada. Si fuera válido y eficaz para Dios que yo me arrepintiera y pidiera perdón por mis antepasados, ellos tendrían que recibir el perdón y la salvación sobre la base de mis actos sustitutorios. Y si en realidad ellos son perdonados por mi arrepentimiento y confesión, también tendría yo que bautizarme por

---

[14]Ed Murphy, *Manual de guerra espiritual* (Nashville: Editorial Caribe, 1994), p. 512.
[15]Ibíd., p. 513.

ellos como era práctica de algunos corintios (1 Cor. 15:29) y es de los mormones en la actualidad.

En el Nuevo Testamento el arrepentimiento y el pedido de perdón, así como la fe y el bautismo, no son actos sustitutivos sino absolutamente individuales. Eso es lo que anticipó Ezequiel en el capítulo 18 de su libro. Al respecto dice Carroll O. Gillis: "Así como Isaías fue el profeta del Antiguo Testamento que vio más claramente al Mesías, Ezequiel es el que ve la responsabilidad individual, en oposición a la nacional que había sido tema de los profetas desde la fundación de la teocracia".[16]

El apóstol Pablo en Romanos capítulos 9 y 10, expresa la tristeza y el dolor de su corazón por la incredulidad de Israel. Si su acto sustitutorio tuviera valor, él estaría dispuesto a ser separado de Cristo para lograr la conversión de sus familiares y antepasados, pero se limita a orar por la salvación de su pueblo. Sabe que el arrepentimiento y la confesión para salvación son actos individuales e intransferibles: "Porque todo aquel que invoque el nombre del Señor será salvo" (Rom. 10:13).

Las maldiciones se dan en forma natural. Los hijos y los descendientes suelen sufrir por los pecados de sus padres y antepasados. Existen taras y enfermedades hereditarias y propensiones a ciertas enfermedades. Dios no castiga directamente al inocente sea hijo, nieto o biznieto para tomar venganza del culpable, aunque aparentemente el texto de Éxodo 20:5 expresa esa idea. En la versión Dios Habla Hoy dice: "No te inclines delante de ellas ni les rindas culto, porque yo soy el Señor tu Dios, Dios celoso que castiga la maldad de los padres que me odian, en sus hijos, nietos y biznietos".

Como ya dijimos, la maldición es la expresión de un deseo, pero en el caso de Dios, él ejecuta el juicio sobre el pecado. Cuando él dice "maldito serás", está diciéndole al destinatario de estas palabras que va a recibir un castigo. En eso consiste la maldición. Un Dios que castiga a inocentes por culpables no es el Dios justo de la Biblia, el Padre de nuestro Señor Jesucristo.

---

[16]Carroll Gillis, *El Antiguo Testamento: Un Comentario Sobre Su Historia y Literatura*, Tomo IV (El Paso: Casa Bautista de Publicaciones, 1991), p. 303.

Los cristianos no tenemos que preocuparnos por los pecados de nuestros ancestros, porque Dios trata con cada uno de nosotros en forma individual. La Biblia abunda en esto:

> De manera que cada uno de nosotros rendirá cuenta a Dios de sí mismo.
>
> (Rom. 14:12)

> Porque es necesario que todos nosotros comparezcamos ante el tribunal de Cristo, para que cada uno reciba según lo que haya hecho por medio del cuerpo, sea bueno o sea malo.
>
> (2 Cor. 5:10)

No tenemos que rastrear en la historia familiar para averiguar en qué pecado estuvieron comprometidos nuestros abuelos, porque ellos darán cuenta por su vida y sus hechos y nosotros por nuestra vida y por nuestros hechos.

Los israelitas, cuando estaban en el exilio babilónico, se lamentaban de sufrir las consecuencias del pecado de sus antepasados y decían este refrán: "Los padres comieron las uvas agrias, y los dientes de los hijos sufren la dentera" (Eze. 18:2). Dios dice enérgicamente que no será más así, que cada uno será responsable por sí mismo y pagará sus propias culpas: "He aquí que todas las almas son mías, tanto el alma del padre como el alma del hijo son mías. El alma que peca, ésa morirá" (Eze. 18:4).

Los cristianos hemos entrado al nuevo pacto de la gracia en el que las maldiciones ya no nos alcanzan.

> En aquellos días no dirán más: "Los padres comieron uvas agrias, y los dientes de los hijos sufren la dentera"; sino que cada cual morirá por su propio pecado. Los dientes de todo hombre que coma las uvas agrias, sufrirán la dentera. He aquí que vienen días, dice Jehovah, en que haré un nuevo pacto con la casa de Israel y con la casa de Judá. No será como el pacto que hice con sus padres el día que los tomé de la mano para sacarlos de la tierra de Egipto, mi pacto que ellos invalidaron, a pesar de ser yo su señor, dice Jehovah. Porque éste será el pacto que haré con la casa de

> Israel después de aquellos días, dice Jehovah: Pondré mi ley en su interior y la escribiré en su corazón. Yo seré su Dios, y ellos serán mi pueblo.
>
> (Jer. 31:29-33)

Este nuevo pacto es el de la gracia y ya no hay más maldición sino bendición. En Gálatas 3:13 dice: "Cristo nos redimió de la maldición de la ley al hacerse maldición por nosotros (porque está escrito: Maldito todo el que es colgado en un madero)".

En este nuevo pacto cada uno individualmente se relaciona con Dios por medio de Jesucristo (1 Tim. 2:5). Nadie tiene que sufrir una maldición como castigo por faltas cometidas por otros. Padecer enfermedades o problemas heredados no es un castigo individual, sino consecuencia de las leyes naturales que rigen para todos por igual, creyentes o no creyentes.

3. Maldiciones por las palabras

Dos experiencias de tipo personal nos ayudarán para llegar al punto. Una hermana afligida vino un día a decirme que ella estaba atada a su hija, porque muchas veces la había criticado. Hablar mal de otro es maldecirlo, y como Dios prohíbe maldecir (Rom. 12:14), al desobedecer, la maldición también cae sobre uno mismo. Le pregunté:

—¿Y cómo sabe usted que ella y usted están maldecidas?

—Porque tanto la familia de ella como la mía, contestó, no progresamos y estamos siempre llenos de problemas de toda índole. Vamos de mal en peor.

—¿Y quién le enseñó eso?, continué indagando.

—Me lo dijo una hermana de otra iglesia, respondió.

—Pues bien, le dije, yo que soy su pastor nunca se lo dije, y usted nunca escuchó que yo haya enseñado semejante cosa. Eso no está en la Biblia.

Un hermano se había enojado conmigo y yo no lo sabía. Se había realizado un acto religioso de tipo interdenominacional y yo no había asistido. Él creyó que era mi deber asistir y que debía dar el ejemplo a la congregación en ese sentido, por eso se enojó y no podía escucharme cuando yo predicaba. Pasaron varios meses y este hermano un día me llamó y me confesó lo que le pasaba. "Yo quiero pedirle perdón", me dijo, "porque yo lo he atado con mi crítica y mi enojo".

En realidad el que estaba "atado" era él, pues yo no tenía ningún problema con nadie. Le dije que me hubiera hablado enseguida y el asunto hubiera quedado solucionado. No fui a dicho acontecimiento porque estaba resfriado y el mismo se realizaba al aire libre. Quizá de encontrarme bien hubiera ido, aunque no de buena gana, porque no simpatizo con ciertas exteriorizaciones espectaculares de la fe religiosa que se producen en esos eventos. Éste es otro ejemplo de hermanos que creen que "atan" a otros con sus palabras.

Para el hebreo, como para los semitas en general, la palabra no era meramente un sonido, sino un agente activo que salía de la boca y hacía cosas. Tenía un poder mágico, no sólo persuasivo sino también efectivo. Estaba cargada de poder. Esto era así en todo el oriente. Era como un espíritu que cumplía una orden. Un ejemplo concluyente del poder de las palabras lo tenemos en la bendición que Isaac, engañado, otorgó a su hijo Jacob en vez de a Esaú. Su efecto fue automático y no se podía cambiar. Esaú ya no podía recuperar nunca más la bendición. Lo mismo pasaba con las maldiciones. Josué maldijo a Jericó (Jos. 6:26) y el efecto de dicha maldición fue eficaz varios siglos después. En el reinado de Acab sobre Judá un tal Hiel, de Betel, reedificó Jericó, y el precio que pagó fue muy alto: la vida de sus dos hijos. Sea que se tratara de "sacrificios de fundación" (ceremonia en la que sacrificó a sus hijos), o de algún accidente o enfermedad, la verdad es que se estaba violando el juramento de Josué mediante el cual sería maldito quien reconstruyera la ciudad. Jesús maldijo la higuera estéril y ésta se secó (Mar. 11:14, 20, 21).

La verdad es que la palabra en sí no tiene, como pensaban los judíos, existencia independiente. No tiene ningún poder mágico. Sí tiene su poder persuasivo. Puede producir efectos extraordinarios en sus receptores si tiene aceptación. Hay muchísimos ejemplos en la historia. Ya conocemos lo que ocurrió con las 95 tesis que Lutero, en el siglo XVI en Alemania, clavó en la puerta de la catedral de Wittemberg; produjo una revolución religiosa sin precedentes en toda Europa. Las palabras de Winston Churchill, primer ministro de Gran Bretaña durante la Segunda Guerra Mundial, fueron de fundamental importancia para suplir la falta de armamentos y de aliados. Pero para el que es reacio a las palabras o está impermeabilizado contra ellas, no sucederá nada. La palabra de Dios tiene poder; es viva y eficaz y más cortante que toda espada de dos filos (Heb. 4:12), pero hay quienes rechazan la palabra y no surte ningún efecto en ellos. Así enseñó Jesús en la parábola del sembrador. Algunos son como el terreno "junto al camino" en el cual la semilla no penetra (Mat. 13:4).

En cuanto al cumplimiento de la palabra, sea de bendición o de maldición, sólo se concretará si tiene respaldo divino. La palabra de Dios tiene poder creativo (Gén. 1:3), curativo (Sal. 107:20); puede bendecir (Isa. 55:10-13) y también destruir (Ose. 6:5). El poder de la palabra de los profetas y de los sacerdotes de Dios estribaba en que ellos eran portavoces de la palabra de Dios (Jer. 18:18). Pero no hay palabra mágica, todo lo bueno y todo lo malo que pueda sobrevenir a alguien, viene de Dios (Gén. 4:11, 15; Núm. 22:6; 23:8; Prov. 3:33). Si alguien bendice o maldice y no tiene respaldo divino, su palabra no tiene eficacia. Una mujer le dijo a un cristiano que no quiso acceder a ciertos requerimientos suyos de carácter comercial: "Usted no sabe cómo lo he maldecido. Le he echado muchísimas maldiciones". Pero el cristiano que conocía bien su Biblia, le respondió: "No le tengo miedo a sus maldiciones, ellas no me llegan, estoy cubierto por la sangre de Cristo".

4. Maldiciones fundacionales

Algunas de las personas que practican la "sanidad interior" afirman que las instituciones u organizaciones fundadas por hombres "malditos" llevan la maldición en el fundamento de las mismas. Que si las maldiciones por el pecado se encuentran en los líderes fundadores de la organización, aquellas pasarán a sus sucesores. Supongamos que un hombre inescrupuloso, astuto y blasfemo funda una empresa, ya sea de transporte, industria o comercio, la inicia con malos fines, de engañar y explotar a su prójimo en beneficio propio. Supongamos también que después le vende la empresa a un cristiano fiel al Señor. ¿Sobre qué base podemos afirmar que la maldición del fundador va a pasar al nuevo dueño, siendo éste un cristiano lleno del Espíritu Santo?

Se toma como base Romanos 5:12: "Por esta razón, así como el pecado entró en el mundo por medio de un solo hombre y la muerte por medio del pecado, así también la muerte pasó a todos los hombres, por cuanto todos pecaron". Sin duda la muerte es una maldición que pesa sobre la simiente de Adán, pero no se trata de maldiciones a personas particulares sino a toda la humanidad. El argumento de que Adán fue el fundador de la raza humana, como primer hombre, y transmitió a toda la posteridad la maldición de la muerte, así también que la maldición por el pecado del fundador de cualquier institución pase a sus sucesores no es razonable. La raza humana es solidaria y todos estamos unidos a Adán por vínculos de sangre, cosa que no se puede decir de cualquier organización. Pablo dijo: "De uno solo ha hecho toda la raza de los hombres para que habiten sobre toda la faz de la tierra. Él ha determinado de antemano el orden de los tiempos y los límites de su habitación" (Hech. 17:26).

Hay una unidad fundamental en la humanidad que no existe entre los líderes fundadores de una entidad y sus sucesores. Hay iglesias que comenzaron mal, en rebeldía con sus iglesias madres o con sus líderes y pastores, y que con el paso de los años siguen siendo iglesias problemáticas, como si estuvieran malditas, pero también hay iglesias que empezaron bien y están en las mismas condiciones. No hay que pensar en iglesias malditas e iglesias bendecidas sobre la base de su crecimiento. Hay que buscar otras razones bíblicas para juzgar su mayor o menor crecimiento. Hasta se ha llegado a afirmar que algunas ciudades están malditas porque los ingenieros que las diseñaron eran miembros de alguna secta, alguna logia secreta, o tenían vinculación con la masonería o el ocultismo, y por lo mismo algunos demonios han quedado controlando dichas ciudades.

Volviendo a lo que promueve la llamada "sanidad interior", afirma que las personas identificadas o comprometidas con ciertas organizaciones deben investigar las raíces de las mismas, y si descubren que ha habido pecado y consecuentemente maldición en sus fundadores, deben apartarse, renunciar a toda vinculación con el demonio y lograr romper la maldición. Ya hemos visto que no hay asidero bíblico para sostener esta doctrina. No la enseñó Jesús, ni Pablo, ni Pedro ni Juan.

5. ¿Cortar maldiciones?

Como dijimos al principio de este tema, las maldiciones pueden provenir de Dios y de los hombres. No hay ninguna referencia ni ningún indicio en la Escritura de que el diablo o los demonios tengan autoridad propia para maldecir. Pueden tentar, enfermar, y perjudicar a alguien con el permiso de Dios y con ciertos límites que Dios les imponga (ver el caso Job), pero el control sobre todos los seres humanos lo tiene el Dios soberano (Eze. 18:4). Aun aquellos desafortunados que el evangelio llama "endemoniados" no escapan al control de Dios. El diablo no es Dios y él mismo está bajo el control de Dios.

Hay muchísimos ejemplos en el Antiguo Testamento de que Dios maldice y bendice. En cuanto a las maldiciones: Dios maldijo a la serpiente en el Edén (Gén. 3:14), maldijo la tierra después del pecado del hombre (Gén. 3:17), maldijo a Caín después de que éste mató a su hermano (Gén. 4:11); prometió maldecir a todos los que maldijeren a Abram (Gén.

12:3); maldijo a la nación de Judá por no pagar los diezmos (Mal. 3:9). En Deuteronomio 27 y 28 Moisés anuncia muchísimas maldiciones en el nombre de Jehovah para los desobedientes. Todas estas maldiciones tienen su origen en Dios. Él maldice, no el diablo. Él tiene todo el poder, no el diablo. Él ejecuta esa maldición, no el diablo y los demonios, salvo que en algún caso especial Dios lo disponga de otra manera.

Ahora bien, teniendo presente esta clara enseñanza bíblica, ¿cómo puede ocurrírsele al ser humano querer cortar o romper una maldición que ha emitido el Todopoderoso Juez de todo el universo? ¿Acaso es posible frustrar un decreto de Dios? ¿Va a cambiar él sus decisiones de acuerdo con la voluntad de los hombres? Lo más que se podría hacer, con toda humildad, sería apelar a la misericordia de Dios. Humillarse, arrepentirse e implorar su perdón. Y Dios perdona, aunque las consecuencias del pecado pueden continuar. Sólo Jesús pudo romper la maldición de la ley que regía sobre los infractores haciéndose él mismo maldito para redimir a los que estaban bajo la maldición de la ley (Gál. 3:13). Según el Antiguo Testamento Dios castiga a su pueblo rebelde y desobediente, pero si éste se arrepiente y se vuelve a él, él lo perdona, retira su castigo y lo provee de bendiciones. Eso no significa que uno rompe la maldición, es Dios quien lo hace de acuerdo a su soberana voluntad. En 2 Crónicas 7:13, 14 se lee: "Si cierro los cielos de modo que no haya lluvia, o si mando la langosta para que devore la tierra, o si envío peste a mi pueblo; si se humilla mi pueblo sobre el cual es invocado mi nombre, si oran y buscan mi rostro y se vuelven de sus malos caminos, entonces yo oiré desde los cielos, perdonaré sus pecados y sanaré su tierra".

En el Nuevo Testamento las cosas tienen un enfoque diferente. El concepto de Dios se perfecciona en Jesús quien es la revelación perfecta, completa y definitiva de Dios. Ahora Dios es el Padre amante que disciplina a sus hijos con amor para corregirlos (Heb. 12:6-8). No es el Dios que maldice (Mal. 3:9), que despide rayos fulminantes, truenos y relámpagos

(Éxo. 19:16, 18; Deut. 4:11, 12). No hay en el Nuevo Testamento un Moisés, o un Jeremías anunciando maldiciones a los que trasgreden la ley (Deut. 11:28; Jer. 11:3). Es cierto que Pablo declara maldito al que no ama a Jesús y al que anuncia otro evangelio diferente (1 Cor. 16:22; Gál. 1:8, 9). Si esas maldiciones se equipararan con las del Antiguo Testamento, serían una excepción. Pero otra vez decimos que es Dios el que maldice y es posible que la maldición sea un castigo en esta vida o la condenación en la otra. El que no conoce a Dios todavía lleva la maldición que lo hace réprobo. No es una maldición de Pablo porque él mismo enseñó que no hay que maldecir sino bendecir (Rom. 12:14). Ni un profeta que tome a su prójimo y lo corte en pedazos con una espada delante de Jehovah como hizo Samuel con el rey Agag (1 Sam. 15:32, 33); ni un Elías que degüelle a cuatrocientos hombres porque profesan otra religión distinta de la suya (1 Rey. 18:40). Jesús maldijo una higuera (Mar. 11:12-14), pero nunca maldijo a las personas. Esto no significa que Jehovah sea otro dios distinto al Padre de Nuestro Señor Jesucristo, sino que la revelación de Dios fue progresiva y nunca antes alcanzó el concepto justo de Dios hasta que éste fue revelado plenamente por Jesucristo (Juan 1:18; Mat. 11:27; Col. 1:15a).

Se supone que si una doctrina es cristiana tiene que haber sido enseñada por Jesús o por sus apóstoles o por ambos. Consecuentemente a las doctrinas cristianas hay que buscarlas en el Nuevo Testamento. Veamos qué nos dice éste sobre las maldiciones. Consideremos rápidamente algunas referencias con una corta acotación:

"Pero esta gente que no conoce la ley es maldita" (Juan 7:49). En este versículo los fariseos califican de "maldita" a la gente que no conoce la ley.

"Tienen ojos llenos de adulterio y son insaciables para el pecado. Seducen a las almas inconstantes. Tienen el corazón ejercitado para la avaricia. Son hijos de maldición" (2 Ped. 2:14). Aquí Pedro llama "hijos de maldición", hebraísmo que significa malditos, a los que maldicen a los ángeles, y viven una vida de desenfreno en la inmoralidad y toda suerte de pecados. Aunque son "malditos" no fue Pedro el que pronunció la maldición, ni siquiera los ángeles se atreven a pronunciar juicio de maldición (2 Ped. 2:11).

"Pero la que produce espinos y abrojos es desechada, está cercana a la maldición, y su fin es ser quemada" (Heb. 6:8). El autor está refiriéndose a los apóstatas que al abandonar al crucificado Hijo de Dios no tienen otra esperanza, ya que no hay otro salvador, y los compara con la tierra inútil que produce espinos y abrojos y está próxima a ser maldecida, y su fin es ser quemada. Sin duda está aludiendo figuradamente a la condenación. Estos son contrastados con los creyentes que perseveran, a los cuales compara con la tierra que recibe la lluvia "produce hierba para el provecho de aquellos que la cultivan, reciben la bendición de Dios" (Heb. 6:7).

"Por eso os hago saber que nadie, hablando por el Espíritu de Dios, dice: 'anatema sea Jesús'" (1 Cor. 12:3). Posiblemente algunos corintios en un estado de éxtasis maldijeron a Jesús. Ya que el Espíritu Santo glorifica a Cristo, no pudo haber sido el autor de una maldición contra él, de ahí que dichas palabras emitidas en estado frenético no deben ser atribuidas al Espíritu Santo. Otro sería el origen de las mismas.

"Si alguno no ama al Señor, sea anatema" (1 Cor. 16:22). La versión Dios Habla Hoy dice: "que caiga sobre él la maldición de Dios", aludiendo, posiblemente, a la exclusión de la comunidad, pero también a la condenación final de los que traicionan al Señor.

"Pero aun si nosotros mismos o un ángel del cielo os anunciara un evangelio diferente del que os hemos anunciado, sea anatema" (Gál. 1:8). Pablo advierte a los gálatas, quienes fácilmente se dejaban deslumbrar y seducir por otras doctrinas, que el que anunciare un evangelio diferente al que ha sido predicado por los apóstoles, sea anatema. Al igual que en el pasaje anterior, se exponen a la maldición divina, en este caso, por pervertir el verdadero evangelio.

Jesús maldijo una higuera estéril. Fue un acto simbólico y profético. La higuera, que sólo tenía hojas, era tipo de Israel cuya apariencia engañaba porque no tenía fruto espiritual siendo que estaba rechazando al Mesías y a punto de crucificarlo (Mat. 21:18-22).

"Entonces dirá también a los de su izquierda: 'Apartaos de mí, malditos, al fuego eterno preparado para el diablo y sus ángeles'" (Mat. 25:41). Este es un pasaje escatológico. La maldición es la condenación por el pecado.

"Bendecid a los que os persiguen; bendecid, y no maldigáis" (Rom. 12:14). Como un eco del Sermón del monte, el apóstol insta a los creyentes a bendecir y no maldecir. Ni siquiera a los enemigos hay que maldecir.

"Porque todos los que se basan en las obras de la ley están bajo maldición, pues está escrito: maldito todo aquel que no permanece en todas las cosas escritas en el libro de la ley para cumplirlas... Cristo nos redimió de la maldición de la ley al hacerse maldición por nosotros (porque está escrito: Maldito todo el que es colgado en un madero)" (Gál. 3:10, 13); esta es una cita de Deuteronomio 27:26. Se trata de la maldición que impone la ley a los que la trasgreden. Como ninguno de sus receptores la pudo cumplir, todos son transgresores y por lo tanto se han hecho pasibles del castigo que la ley estipula.

La ley de Dios es buena, santa y perfecta. El salmista dice: "La ley de Jehovah es perfecta; restaura el alma" (Sal. 19:7). Y el apóstol Pablo afirma: "La ley ciertamente es santa; y el mandamiento es santo, justo y bueno" (Rom. 7:12). Pero es ley, no gracia. No salva, condena. La ley la dio Moisés a los israelitas introduciéndola con estas palabras: "Escucha Israel" (Deut. 5:1). El salmista dice: "Ha manifestado sus palabras a Jacob, sus leyes y sus decretos a Israel. No ha hecho esto con otras naciones" (Sal. 147:19, 20). Fue dada en el Sinaí y tuvo cumplimiento con la venida y obra de Jesucristo.

La ley cumplió una doble finalidad: tuvo un significado

histórico y otro cristológico. Históricamente fue un sistema legislativo que sirvió como norma de conducta a Israel. Reglamentó tanto la vida individual como social y nacional. Si alguien hubiera podido cumplir cabalmente la ley, hubiera obtenido la vida a través de ella. "Por tanto, guardaréis mis estatutos y mis decretos, los cuales el hombre que los cumpla, por ellos vivirá. Yo Jehovah" (Lev. 18:5). Pero nadie la cumplió (Juan 7:19; Gál. 6:13). De ahí que nadie será justificado por la ley (Rom. 3:20; Gál. 3:11). Además, si la justicia fuese por la ley, por demás murió Cristo (Gál. 2:21). La ley sirvió para mostrar al hombre su pecado, su incapacidad de cumplir la ley y su necesidad de Cristo. En Gálatas 3:24, 25 se lee: "De manera que la ley ha sido nuestro tutor para llevarnos a Cristo, para que seamos justificados por la fe. Pero como ha venido la fe, ya no estamos bajo tutor". Pablo es categórico cuando dice: "no estáis bajo la ley sino bajo la gracia" (Rom. 6:14). Justamente porque la ley condena y nadie se salva por ella, es llamada "ministerio de muerte" (2 Cor. 3:7), "maldición" (Gál. 3:10); "yugo de esclavitud" (Gál. 5:1) y "muerte" (Rom. 7:10).

Ahora bien, Cristo fue hecho "maldición" por nosotros. Él rompió, quebró y deshizo la maldición. "El fin de la ley es Cristo" (Rom. 10:4). Él nos redimió de la maldición de la ley (Gál. 3:13; 4:4, 5). Ya no debemos temer sus maldiciones porque: "Él anuló el acta que había contra nosotros, que por sus decretos nos era contraria y la ha quitado de en medio al clavarla en la cruz" (Col. 2:14).

6. "Quebrar maldiciones"

Otra de las expresiones de la jerga conocida como "sanidad interior", usada también en la llamada "guerra espiritual", y relacionada con lo que ya se ha dicho antes, es "quebrar maldiciones", que tiene una connotación un poco diferente.

Ed Murphy relata que una misionera en África contrajo una enfermedad extraña y tuvo que volver a Canadá para ser tratada médicamente, pero seguía empeorando hasta que Dios reveló que la mujer había sido objeto de una maldición. Entonces dice: "Cuando se rompió la misma, su cuerpo pudo funcionar con normalidad... Debemos aprender a movilizar a los creyentes para la oración de combate a fin de romper esas maldiciones demoníacas".[17]

En la década de los noventa, Cindy Jacob visitó varias veces Argentina. En algunas de sus conferencias, que circulan en casetes y videos por todo el país, contó que una iglesia estaba maldita porque su templo se había edificado en un terreno en el cual había sido derramada sangre humana, y hubo necesidad de cortar la maldición para que dicha iglesia fuera bendecida. Según decía Cindy Jacob, si a un creyente le va mal, tiene muchos problemas y contrariedades, continuas enfermedades, contratiempos y aflicciones de todo tipo, hay que buscar la causa dentro o fuera de la familia, o en los antepasados, o quizá en la casa donde vive que puede estar maldecida porque alguna vez se derramó sangre humana en dicho lugar o se practicó algún culto diabólico. La maldición continuará de generación en generación si no se la corta o quiebra. Al descubrir la causa, hay que declarar, mediante una ceremonia al efecto: "corto o quiebro la maldición en el nombre de Jesús".

Aparte de ser esta una grosera superstición, se corre el riesgo de tomar el nombre de Jesús en vano. Es sabido que para los hebreos el nombre significa la persona que lo lleva. El nombre de Jesús significa su persona y lo que se hace en el nombre de él, es lo que él haría. Pero él nunca mandó a quebrar maldiciones, ni tampoco practicó tal cosa.

III. SUPERSTICIONES

La superstición popular está muy arraigada en la gente, tanto ignorante como culta; es un fenómeno mundial. Muchos son los que creen en casas embrujadas, en que el sépti-

[17]Ed Murphy, *Manual de guerra espiritual* (Nashville: Editorial Caribe, 1994), pp. 519, 521.

mo hijo varón se convierte en lobisón ("hombre lobo") los viernes de luna llena, en la mala suerte que pueden tener si se les rompe un espejo o si se abre un paraguas adentro de la casa. Están los que llevan una cinta roja en la muñeca o en los automóviles para protegerse de la envidia. Si pasan debajo de una escalera no se casan, si viajan el martes trece pueden sufrir un accidente y cosas por el estilo. El miedo a los "daños" o "maleficios" está instalado en la sociedad. Estos pueden ser enfermedades, la muerte, la pérdida de bienes materiales o las enemistades entre los miembros de la familia o entre amigos o vecinos. Los que hacen el encanto persecutorio o el hechizo, ya sea curandero, brujo o hechicero, que efectúa ciertos ritos, ceremonias y artes mágicas, generalmente son charlatanes y embusteros que no tienen ningún poder ni de Dios ni del diablo, pero explotan la ignorancia y/o la credulidad de la gente. Las víctimas se aferran a amuletos, "agua bendita", velas, estampitas, y rezos específicos para neutralizar o contrarrestar esas supuestas maldiciones.

Por ser común en un contexto católico sincrético, muchos evangélicos en la Argentina también son supersticiosos, y esas supersticiones a veces son alentadas por los mismos líderes evangélicos. Daré dos ejemplos: El popular evangelista Carlos Anacondia, en una de sus campañas (grabada en casete) expulsaba al espíritu de lobisón de un soldado que era el séptimo hijo varón y que por lo tanto —según la creencia supersticiosa— se convertía en lobo durante la noche de los viernes de luna llena.

Otro ejemplo de Argentina: Peter Wagner[18] cita una experiencia de Edgardo Silvoso, que en 1985 él y algunos amigos tomaron un mapa e hicieron un círculo de 160 Km de radio alrededor del centro de entrenamiento de Evangelismo de Cosecha que está ubicado en la provincia de Santa Fe, cerca de Rosario, y descubrieron que dentro del círculo había 109 pueblos sin iglesia evangélica. Adjudicaron la razón de dicha

---

[18]Peter Wagner, *Espíritus territoriales* (Miami: Editorial Carisma, 1995), p. 70.

falta a un curandero de la ciudad de Arroyo Seco, llamado Merigildo. Según Silvoso, cuando murió el curandero transfirió su poder a un manantial. Después de una reunión de oración, un grupo con Silvoso se dirigió a la finca de Merigildo; todos apuntaron con el automóvil hacia el edificio y declararon en voz alta que los demonios estaban derrotados por la sangre de Cristo y el poder diabólico quebrantado en el nombre de Jesús. El resultado fue que tres años después 82 de los 109 pueblos tenían iglesias establecidas.

Todo esto se hizo, sin duda alguna, con la mejor buena fe y en la creencia de que tanto el manantial como la zona estaban malditos. El hecho de evangelizar con éxito con posterioridad a ese ritual fue la evidencia para este equipo de que la maldición había sido vencida.

Creer que uno ata a alguien al calumniarlo o desprestigiarlo con comentarios adversos o simplemente al no perdonarlo es una idea supersticiosa que carece de fundamento bíblico. Consecuentemente es una ilusión "desatar" a alguien. A veces oímos: "Yo desato, destrabo y libero en el nombre de Jesús". En realidad no desatamos ni atamos a nadie. Un cristiano es libre en Cristo (Juan 8:31) y no debe temer de ser atado por nadie ni nada.

El diablo existe y el mal también, pero el cristiano debe saber que ha nacido de nuevo, que tiene una nueva naturaleza espiritual. Juan dice: "Sabemos que todo aquel que ha nacido de Dios, no sigue pecando; más bien, Aquel que fue engendrado de Dios le guarda, y el maligno no le toca" (1 Jn. 5:18). El Hijo de Dios guarda a los hijos de Dios, a los que han experimentado el nuevo nacimiento. En caso de que hubiera una maldición heredada, ésta estaría sobre el hombre viejo, no sobre el nuevo.

SEGUNDA PARTE

Sanidad integral

Capítulo 3
Fundamento bíblico-psicológico

I. CONCEPTO BÍBLICO DEL HOMBRE

Para entender la "sanidad interior" es indispensable definir de una manera clara, precisa y concreta qué es lo "interior", si es la psiquis, o el espíritu, o los dos. Ello nos exige conocer la naturaleza del ser humano a la luz de la Biblia y especialmente del Nuevo Testamento, en el que tenemos la revelación final.

1. Unidad físico-psíquico-espiritual

En el relato de la creación encontramos algunos datos que quisiéramos hacer sobresalir: "Entonces Jehovah Dios formó al hombre del polvo de la tierra. Sopló en su nariz aliento de vida, y el hombre llegó a ser un ser viviente" (Gén. 2:7). Parece haber ahí dos naturalezas: material (el polvo de la tierra) e inmaterial (el soplo de Dios). El hombre tiene dos partes constitutivas, por lo tanto es dicótomo.

El hebreo era monista en su pensamiento sobre el ser humano. El cuerpo solo no era el hombre, como tampoco lo era el espíritu solo. Era una unidad indivisible: carne (*basar*), alma (*nefesh*) y espíritu (*ruaj*). La carne es el cuerpo físico; el alma, la vida; el espíritu, el aliento o la respiración. Las tres palabras a veces, no siempre, se usan indistintamente. Veamos las siguientes citas (los agregados entre paréntesis, son del autor): "Con setenta personas [*nefesh*] descendieron tus padres a Egipto" (Deut. 10:22). "Porque no he de contender para siempre, ni para siempre he de estar airado, pues se desmayaría delante de mí el espíritu [*ruaj*] y las almas [*nefesh*] que he creado" (Isa. 57:16). "Sucederá después de esto que derramaré mi Espíritu sobre todo mortal [*basar*]" (Joel 2:28).

En estos versículos, los tres términos se aplican al ser humano como una realidad unitaria. También sucede que "alma" no sólo designa a las personas sino que también significa vida (1 Rey. 19:10). En Deuteronomio 12:23 dice que la sangre es la vida, y agrega: "no comerás la vida (o sea la sangre) junto con la carne". En Génesis 1:20 dice "seres vivientes", "seres" es traducción de *nefesh* y se refiere a individuos irracionales.

Los griegos concebían al hombre como un alma prisionera de un cuerpo. El hombre era el alma y el cuerpo la caja que lo contenía temporalmente. Este dualismo de origen platónico ha permeado la teología cristiana. Como consecuencia de ello, el cristianismo se interesó solamente por el alma de las personas y mostró una total indiferencia por sus necesidades físicas y emocionales. Lo más importante era salvar el alma, aunque materialmente estuviera viviendo en condiciones paupérrimas. No se preocupó mucho por ayudar a paliar el hambre o elevar el nivel social y cultural de la sociedad. No es que no lo hizo en absoluto, pero generalmente se interesó por el alma y no por el ser integral.

Muchos psicólogos cristianos definen al ser humano como cuerpo, psiquis y espíritu. La psiquis es para ellos la mente, el objeto especial de su estudio. Algunos autores intentando armonizar lo bíblico con lo psicológico citan entre otros pasajes 1 Tesalonicenses 5:23, donde se menciona cuerpo, alma y espíritu. (En griego: *soma, psuje y pneuma* respectivamente.) De *psuje* deriva la palabra psiquis. Es inverosímil que el apóstol Pablo, con sus conceptos antropológicos culturales hebreos, haya utilizado la palabra *psuje* en el sentido moderno, de acuerdo con las teorías de los psicólogos contemporáneos. En el Nuevo Testamento tanto *psuje* como *pneuma* tienen que ver con la naturaleza espiritual del hombre. A veces *psuje* designa personas como en Hechos 2:41, Lucas 12:20 y otros. No parece que dichos vocablos se refieran a dos elementos distintos sino más bien a dos puntos de vista del mismo principio inmaterial. El teólogo Augustus Hopkins Strong dice:

> La parte inmaterial del hombre, considerada como una vida individual y consciente, capaz de poseer y animar a un organismo físico, es llamada "psuje". Considerada como agente moral y racional, susceptible a la presencia e influencia divina, esta misma parte inmaterial es llamada "pneuma".[1]

Si hay alguna sutil distinción entre alma y espíritu, no lo sabemos. En la Biblia estos dos términos son intercambiables.

2. Sanidad integral

Siendo el ser humano una unidad físico-psíquico-espiritual, la sanidad interior real trae salud a toda la persona. Esto significa que quien está en paz con Dios siente un bienestar general. Haberse reconciliado con Dios por medio de la fe en Jesucristo y saberse perdonado por él, es una fuente de paz interior inefable que impacta a todo el ser.

La sanidad interior comienza con la conversión. El arrepentimiento sincero de los pecados implica un cambio interior. La palabra "metanoia", traducida arrepentimiento, significa cambio de manera de pensar y de actitud frente a Dios, a sí mismo y a la vida. No es un cambio que se da súbitamente en un cien por ciento; no viene por un toque mágico. Es un proceso que va dejando sus frutos a través del tiempo.

La confianza en Dios como Padre amoroso y proveedor; la práctica de la oración perseverante; el ejercicio de la fe, el amor y la esperanza; el contacto diario con la Palabra de Dios; la seguridad eterna de la salvación; el interés y la preocupación por el prójimo y la permanente intercesión por él, acompañada de servicio desinteresado y de ayuda incondicional; la participación plena en la comunidad de fe, y la entrega constante de la vida a Dios; todo ello no puede menos que producir armonía, optimismo y felicidad.

---

[1]Augustus Hopkins Strong, *Systematic Theology*, Volumen II (Filadelfia: The Griffith and Rowland Press, 1907), p. 486.

3. La vida interior es lo fundamental

El apóstol Pablo menciona algunas de sus experiencias cotidianas en el capítulo 12 de la Segunda carta a los Corintios: "Debilidades, afrentas, necesidades, persecuciones, angustias" (v. 10). Todo esto es más que suficiente para abatir al más fuerte, para sumirlo en la derrota y la depresión. Sin embargo, el apóstol dice que por amor a Cristo se gozaba en esas aflicciones (v. 9) y cobraba fortaleza en sus problemas. ¿No es eso sanidad interior? Dios no le quitó el "aguijón de su carne", a pesar de que Pablo lo solicitó reiterada y encarecidamente, sino que le proveyó su gracia para soportarlo (vv. 7-9).

Cuando Pablo estaba en la prisión domiciliaria en Roma, escribió a los Filipenses: "Regocijaos en el Señor siempre. Otra vez digo: ¡Regocijaos!" (Fil. 4:4). Estaba dando ánimo y consolando a otros cuando él estaba sufriendo las privaciones de la prisión. El gozo es parte del fruto del Espíritu (Gál. 5:22), y no depende de las circunstancias, por eso tampoco las circunstancias adversas pueden quitarlo. Es lo que sostiene al cristiano y le permite cantar y alabar a Dios aun en medio de las pruebas más difíciles de la vida. Los filipenses ya conocían este espíritu optimista del Apóstol y sabían de su gozo al estar padeciendo por Cristo, porque la iglesia de Filipos nació justamente por causa de la prisión del Apóstol en esa ciudad; y en ese entonces estando en el calabozo, con los pies en el cepo y las espaldas laceradas por los azotes recibidos, Pablo oraba y cantaba himnos a Dios (Hch. 16:25). Casos semejantes pueden citarse en todas las generaciones de cristianos.

Un ejemplo en nuestros días es Joni Earekson Tada, quien siendo muy joven quedó cuadripléjica debido a un accidente. Ahora es una mujer adulta que vive confinada a una silla de ruedas. No obstante sirve al Señor más que muchos que tienen sus extremidades sanas. Es una persona espiritualmente rica y creativa. No solo es esposa, escritora, cantante y pintora, sino que promueve una obra de amor para con los discapacitados. Ella ha aceptado que sus limitaciones están dentro de los planes de Dios y esto la lleva a descansar en él. Lejos de renegar de Dios y de la vida, reconoce que el sufrimiento tiene una íntima relación con la creatividad. ¿No es un ejemplo de sanidad interior? Está enferma por fuera pero sana por dentro.

¿Y qué diremos de Fanny Crosby? Quedó ciega a las pocas semanas de nacer, sin embargo, ¡qué inspiración su vida! Se casó con un músico ciego, se dedicó a enseñar a otros ciegos, escribió más de seis mil himnos entre los cuales están: "A Dios sea la gloria" y "Salvo en los tiernos brazos de mi Jesús seré". ¿Habría podido escribir tantos y tan inspirados himnos de no haber padecido esa desgracia? Fue sin duda una mujer de vida plena, de una gran salud en su alma y una visión gloriosa de Dios, aunque llevara la ceguera física de por vida.

4. Santidad integral

Pablo cuando escribe a los tesalonicenses dice: "Y el mismo Dios de paz os santifique por completo; que todo vuestro ser —tanto espíritu, como alma y cuerpo— sea guardado sin mancha en la venida de nuestro Señor Jesucristo" (1 Tes. 5:23). La santificación es también total. No se puede concebir un espíritu santificado y un cuerpo contaminado por el pecado. Los pecados del cuerpo son también del espíritu y los pecados del espíritu no se gestan y cometen aparte del cuerpo.

El gnosticismo[2] consideraba que la materia era esencialmente mala, en consecuencia el cuerpo humano es malo porque es materia. Esto conducía a asumir un desprecio por el cuerpo, derivándose dos posturas o actitudes frente a él. Por un lado, la mortificación de la carne, la disciplina rígida, la abstinencia de los placeres y hasta el castigo físico.

En la medida en que se mortificaba a la carne se favorecía al espíritu. Por otro lado, estaban los lujuriosos, que hacían un culto del placer porque, decían, "si el cuerpo es malo no

[2]"El gnosticismo fue un sistema filosófico religioso que prevaleció en el siglo II d. de J.C., si bien empezó a manifestarse ya en la segunda mitad del siglo I. Enfatizaba el conocimiento (*gnosis*) mediante el cual se alcanzaban los secretos que conducían a la unión del alma con Dios, a la purificación y a la inmortalidad. Veía en la materia algo intrínsecamente malo, por lo que afirmaba la existencia de seres intermediarios entre Dios y el mundo y desvirtuaba el significado de la encarnación, la muerte y la resurrección de Cristo". J. M. Martínez, *Cristo el incomparable* (Terrassa: Editorial CLIE, 1970), p. 11.

importa lo que hagamos con él". Pablo refuta la filosofía de que el cuerpo es malo, pues dice que el mismo es templo del Espíritu Santo (1 Cor. 6:19) y que vamos a dar cuenta a Dios de cómo lo hemos usado (2 Cor. 5:10). La santidad debe ser del cuerpo, del alma y del espíritu. El hombre integral debe ser santo para Dios. Pablo dice: "Glorificad, pues, a Dios en vuestro cuerpo" (1 Cor. 6:20).

Sin embargo, de todo lo dicho y desde otra perspectiva, hay una diferencia entre "el hombre exterior y el hombre interior". La santificación de aquel no impide su deterioro natural que lo lleva a la muerte, mientras que el "hombre interior", que sobrevive a la defunción del "hombre exterior" no participa del proceso de agotamiento y disolución; "aunque se va desgastando nuestro hombre exterior; el interior, sin embargo, se va renovando de día en día" (2 Cor. 4:16).

Nuestro hombre exterior, anteriormente descrito como "vasos de barro" (v. 7), cuerpos (v. 10), carne mortal (v. 11), no debería confundirse en el viejo hombre (Rom. 6:6; Ef. 4:22; Col. 3:9), que son connotaciones éticas que se refieren a la vieja naturaleza no regenerada. Se va desgastando. Los sufrimientos están haciendo su efecto en el físico. Esto es verdad de cualquier persona. Pero ellos no pueden tocar el *interior* del cristiano, "la parte más alta de nuestro ser inmaterial, que es capaz de ser el hogar del Espíritu Santo y de ser gobernado por él" (A. Plumer, *The Second Epistle to the Corinthians,* 1915). Humanamente hablando los sufrimientos de Pablo fueron intensos e interminables.[3]

II. CÓMO FUNCIONA LA MENTE

Es inevitable, al tratar el tema de la "sanidad interior", introducirse en el campo de la psicología. En realidad, en las iglesias cristianas, siempre estamos abordando temas psicológicos como son todos los referidos a la vida anímica. El pensamiento, las emociones, las sensaciones y las intuiciones, son

[3]Norman Hillyer, *Nuevo Comentario Bíblico,* Guthrie, D. Motyer, J. A., et. al. edit. (El Paso: Casa Bautista de Publicaciones, 1986), p. 800.

tópicos permanentes en nuestras reflexiones, meditaciones, charlas y predicaciones. Solemos estudiar los caracteres y temperamentos de los personajes bíblicos y comentar los diversos estados de ánimo: decaimiento, tristeza, temor, depresión, euforia, agresividad, alegría, etc. Pero los enfoques que les damos en nuestras iglesias evangélicas son de carácter espiritual, devocional y práctico. No pretenden ser estrictamente científicos sino bíblicos. Está de moda utilizar la terminología psicológica en todos los ámbitos de la vida y la iglesia no es la excepción a esta regla. En este uso "popular" no se puede pretender precisión de términos; el sentido de los mismos no es crítico sino ilustrativo. No se intenta nunca defender ni atacar ninguna teoría o escuela de interpretación psicológica.

1. Tres niveles

En la psicología del inconsciente, la mente humana ha sido comparada a un inmenso témpano de hielo del cual sólo se ve un octavo de su volumen, quedando debajo del agua los otros siete octavos, o a una isla en la que la parte visible es relativamente pequeña en relación con la que está hundida en el océano. La parte visible representa el nivel consciente y por debajo están el subconsciente y el inconsciente.

En el primer nivel tenemos todos los datos a mano. Registramos todo lo que captan nuestros sentidos. Somos conscientes de lo que estamos haciendo y de lo que está ocurriendo a nuestro alrededor. Si estamos viajando en autobús, vemos al chofer, a la persona que está a nuestro lado y los lugares que vamos pasando, oímos ruidos de los vehículos que van por la ruta. Si nos preguntan algo de lo que hemos sido protagonistas o testigos durante el día, no necesitamos mucho esfuerzo para recordarlo. Está al alcance, en el primer nivel.

Pero no es tan fácil recordar algo que hicimos o vimos ayer o hace ya varios días. Si nos preguntaran dónde estábamos o qué hacíamos justo siete días atrás a esta hora, seguramente tendríamos que pensar un poco para traerlo a la memoria. No se ha olvidado pero está en el subconsciente; es a saber, el segundo nivel.

Todavía hay otro nivel más profundo: el inconsciente. Ahí ha descendido todo lo que hemos vivido en el pasado, todas las impresiones recibidas, todo lo que ha afectado nuestra vida se ha grabado y permanece allí archivado. Nada se ha borrado aunque algunas cosas recordamos y muchas, la mayoría, no.

Es saludable para nuestra mente no recordar todas las cosas que nos han sucedido. Sería terrible tener presente, como viendo a través de una película, todas las experiencias de nuestra vida. Dios, quien ha creado nuestra mente, ha considerado insalubre que tengamos consciencia y memoria de todo lo que nos ha ocurrido, de todo lo que hemos experimentado bueno o malo, y que constituye la historia de nuestra vida.

2. Los traumas de la niñez

De acuerdo con lo acabado de expresar, el olvido pasivo de los hechos que nos van ocurriendo en la vida es un proceso normal y saludable. Sin embargo nos han acontecido experiencias traumáticas que, justamente por ser desagradables y dolorosas, hemos tratado de suprimirlas y las hemos sepultado en un olvido activo, en el fondo de nuestro ser inconsciente. A través de la hipnosis y de ciertos mecanismos psicoanalíticos, se han logrado desentrañar algunos sucesos dolorosos del pasado que han estado reprimidos, esto con el fin de curar al paciente que, sin saber porqué, padece de ciertos trastornos en su personalidad. En algunos casos, cuando eran niños fueron heridos, maltratados o violados. Han aborrecido con tanta fuerza lo experimentado que han decidido eliminarlo de su conciencia.

3. Conductas extrañas

A veces nos hemos quedado desconcertados frente a personas, regularmente coherentes en su manera de pensar y accionar, que de repente manifiestan conductas extrañas que no se compaginan con la realidad conocida en ellos. La explicación está en el pasado. Ese odio inconsciente, ese suceso traumático, está vivo y está presionando desde el inconsciente.

4. El creyente también se enferma

Los cristianos también, como todos los seres humanos, pueden padecer enfermedades físicas, psíquicas y psicosomáticas. Aunque hay quienes admiten que el cristiano puede sufrir enfermedades hepáticas, cardiovasculares, renales, reumáticas, etc., pero afirman que no pueden padecer de depresiones, angustias, neurosis o psicosis. Dividen al hombre de tal manera que aceptan que enferme del cuerpo pero no de la psiquis.

Juan A. Monroy, después de enumerar los síntomas más conocidos de la depresión y algunas posibles causas, dice: "Si cada persona deprimida hiciera todo lo que está a su alcance para vencer la depresión, los psiquiatras y psicólogos harían menos negocio".[4] Esta afirmación nos deja la impresión de que en el concepto del autor el ejercicio de la psicología y de la psiquiatría es un negocio. También nos deja la impresión de que los que sufren depresión son culpables de haber contraído dicha enfermedad, por lo que se les impone que hagan un esfuerzo, "todo lo que está a su alcance", para que sanen. ¿Afirmaría lo mismo de los que padecen asma, diabetes o tuberculosis y diría que si hicieran todo lo que está a su alcance los médicos harían menos negocio? Luego, como consejo, cita varios versículos como Hebreos 12:1, 3: "despojémonos de todo peso", "que no decaiga vuestro ánimo ni desmayéis"; Colosenses 1:29: "esforzándome según su potencia que obra poderosamente en mí", y otros. Todo esto es verdad, pero aunque el enfermo lo razone y lo entienda, su problema no es espiritual, sino psíquico. Y todo lo que logra este aluvión de versículos, consejos y exhortaciones, es mortificar más a la pobre víctima de la depresión, y hacerla sentir más culpable de como se siente.

---

[4]Juan Monroy, "La depresión", *Restauración*, Año XIV, Núm. 163 (septiembre, 1982), pp. 11, 12.

Dejando a un lado lo que el citado escritor piensa sobre los profesionales del arte de curar, si es verdad lo que dice en cuanto a los pacientes, estos tendrían que saber qué es lo que deben hacer y debieran poder hacerlo. Pero justamente el profesional competente que sabe qué es lo que el enfermo debe hacer, sabe también que no lo puede hacer, y que a un deprimido no se le debe decir que haga lo que no puede. A. Pereyra Alves decía, hace varias décadas, en un artículo titulado "La neurastenia es enfermedad de incrédulos":

> La actual enfermedad de neurastenia y desarreglos nerviosos que martirizan a miles de personas, con carácter epidémico, es el resultado directo de la falta de fe en esta época materialista, huérfana de verdadero sentimiento religioso... La falta de fe es lo que está destruyendo nuestra psiquis, enfermándonos de los nervios y del espíritu".[5]

Esto puede ser verdad en un sentido general, pero no siempre son incrédulos los que padecen esta enfermedad, ni es por falta de fe que se enferman.

La realidad es que todos los cristianos de todos los tiempos han sido y son vulnerables a las enfermedades físicas y psíquicas. La Biblia no dice que el creyente va a gozar siempre de una paz mental inalterable. El mismo Cristo padeció angustias y perturbaciones en su mente. Él dijo en cierta ocasión: "Ahora está turbada mi alma" (Juan 12:27). En el Getsemaní "Comenzó a entristecerse y a angustiarse", y dijo: "mi alma está muy triste hasta la muerte" (Mat. 26:37, 38).

5. Competencia de los psicólogos

El cristiano debe ir al psicólogo o al psiquiatra cuando tiene desórdenes psicológicos, conflictos emocionales o enfermedades mentales; lo mismo que debe acudir al médico cuando tiene enfermedades físicas. No debe tener ningún reparo en hacerlo. Su cuerpo y su mente deben estar bien para servir mejor al Señor.

Hay creyentes que van al pastor cuando sufren psíquica-

[5]A. Pereyra Alves, *Páginas Religiosas* (El Paso: Casa Bautista de Publicaciones, 1928), p. 70.

mente, en lugar de ir al psicólogo. Lamentablemente hay pastores que aconsejan no ir al psicólogo, y algunos tratan de curar aplicando la llamada "psicología pastoral". El pastor puede hacer muchísimo bien aconsejando y orando por la salud del enfermo, dándole palabras de aliento y consuelo, acompañando al enfermo, pero muchas veces esto no es suficiente. Así como el médico o el psicólogo debe dejar en las manos del pastor los problemas espirituales de las personas, el pastor sabio debe derivar a un profesional de la salud a su entrevistado, cuando comprueba que éste padece de males cuyo tratamiento escapa a su competencia específica.

Aclarémoslo un poco más. Aunque el ser humano es una totalidad, como hemos dicho, no obstante, tiene un cuerpo, una psiquis y un espíritu. Mario E. Fumero dice:

> A la hora de ministrar sanidad, debemos diferenciar las causas y los orígenes de las enfermedades, distinguiendo cuando éstas proceden del pecado, del castigo, de la violación a las leyes, o al desgaste producido por la edad y la dureza de la vida, etc. Partiendo de esta clasificación, estableceremos que las enfermedades tienen diversos orígenes o causas:
>
> I. **ENFERMEDADES DE ORIGEN FÍSICO.** Todas aquellas que son producto de problemas orgánicos, y que se han podido comprobar de forma clínica.
>
> II. **ENFERMEDADES DE ORIGEN EMOCIONAL.** Son el producto de problemas de conducta relacionada con el carácter, el temperamento y las relaciones personales.
>
> III. **ENFERMEDADES DE ORIGEN MENTAL.** Son causadas por trastornos mentales y son de causas fisiológica o genética. Pueden haber seguido a un problema emocional de fondo que desencadena en un trastorno clínico mental.
>
> IV. **ENFERMEDADES DE ORIGEN ESPIRITUAL.** Son aquellas que nacen por la separación del hombre y Dios. Producen dureza de corazón e insensibilidad para ser guiados por Espíritu.[6]

[6]Mario E. Fumero, *La Sanidad emocional desde una perspectiva bíblica* (Miami: Editorial Unilit, 1995), p. 26.

Siendo así, el que padece una enfermedad bronquial acude, en primera instancia, al especialista en enfermedades de vías respiratorias (un neumólogo); el que está sufriendo una neurosis o psicosis, consulta a un psicólogo; el que atraviesa por problemas de conciencia por algún pecado cometido, va al ministro religioso. Esto no significa dividir al hombre, ni excluye un tratamiento multidisciplinario. Lo ideal sería una cooperación de las distintas especialidades, cosa que no es común todavía en algunos países, porque es muy difícil conocer el origen de los problemas. En algunos casos, aunque los malestares sean físicos, el origen puede ser psíquico o espiritual. Justamente porque el ser humano es una unidad, su fe (área espiritual) puede sufrir un colapso por causa de una enfermedad orgánica (área física), y puede desembocar en desórdenes psíquicos o en depresión (área psicológica). Todas las partes de su ser integral están profundamente unidas. No hay una separación taxativa entre ellas. La medicina ya no es más mecanicista sino antropológica. Considera al hombre total. Es psicosomática, social y espiritual. Carlos Gattinoni afirma:

> El conocimiento psicológico al pastor le es necesario para detectar los trastornos psíquicos y saber a qué atenerse en consecuencia. Más aguda se torna la cuestión cuando la persona a quien se ministra pastoralmente el Evangelio, da claras o veladas evidencias de trastornos emocionales o de personalidad. Es aquí donde entra en pleno juego la Psicología Pastoral. Es aquí también donde más depende la Teología Pastoral de la Psicología y sus realizaciones. Dependencia tal no serviría de pretexto para no distinguir con claridad entre la acción pastoral y la Psicología, aun cuando la misma persona sea quien realice ambas tareas. Asimismo es en esta esfera donde el pastor ha de encontrar sus límites. Nadie tiene derecho a efectuar un tratamiento psicoterapéutico si carece de la preparación adecuada para ello. Hacer de psiquiatra amateur, es simplemente convertirse en curandero con todos los peligros que ello acarrea, para el paciente y para el pastor.[7]

[7]Carlos Gattinoni, "Teología y psicología pastoral", *Psicología Pastoral*, Año 1, Nº 1 (julio-septiembre 1972), p. 5.

Esta preocupación del obispo Gattinoni también la comparten John Stott y Martyn Lloyd-Jones. En efecto, escribe Stott:

> Un resultado de la confusión entre salvación y salud es que hay confusión también en cuanto a las funciones del médico y del pastor. El médico reemplaza al pastor, o el pastor se transforma en psiquiatra aficionado... Martyn Lloyd-Jones, quien abandonó su carrera como médico especialista a fin de dedicarse al pastorado, afirma que con todo derecho el hospital se ha hecho cargo de la curación de los enfermos. Luego agrega: "¡El hospital no se hace cargo de las funciones de la iglesia, ni puede, ni podrá nunca hacerlo! Resulta enteramente imposible que lo haga... La tarea auténtica de la iglesia no es ante todo la de devolverle la salud a la gente... su tarea esencial es la de volver a los hombres a una relación correcta con Dios... El verdadero problema del hombre no es simplemente que está enfermo, sino que es un rebelde.[8]

Lo mismo piensa Georgia Harkness:

> Los ministros y otros consejeros religiosos necesitan aprender bastante fisiología y psicología para saber cuándo recurrir a la religión como remedio para las enfermedades corporales y psíquicas, y cuándo enviar a la gente al médico. Es siempre peligroso recetar sin los conocimientos adecuados, sea que se recete religión o drogas. Hay circunstancias en que la simpatía y la comprensión valen más que una fórmula religiosa como cura de enfermedades psíquicas.[9]

En la llamada "sanidad interior" hay mucho tratamiento psicológico que no tiene por qué meterse en las iglesias. Por lo menos, no más que la medicina. A no ser que en las iglesias tengan consultorios para estos profesionales. De lo contrario se puede correr el riesgo de estar ejerciendo ilegalmente la medicina.

La psicología pastoral o aconsejamiento pastoral no siempre es suficiente para curar a los psicópatas ni para resolver algunos graves problemas conyugales o familiares que tienen

[8]John Stott, *La misión cristiana hoy* (Buenos Aires: Certeza, 1977), p. 115.
[9]Georgia Harkness, *La noche oscura del alma* (Buenos Aires: Methopress, 1964), p. 23.

como origen trastornos de la personalidad de uno o más de los integrantes de la familia. El conocimiento psicológico del pastor, aunque limitado, debe advertirle del grado de gravedad de los casos para que él pueda derivarlos a un profesional competente.

No desvirtuemos la misión fundamental de la iglesia que es la de evangelizar. Si aceptamos el carácter prioritario de la evangelización, ¿cómo hemos de definirla? En pocas palabras *euangelizomai* significa traer o anunciar el *euangelion*, las buenas nuevas... Evangelizar en el uso que le da el Nuevo Testamento no significa ganar conversos, como es el caso generalmente cuando usamos la palabra nosotros. La evangelización consiste en anunciar las buenas nuevas, cualquiera sea el resultado.[10]

Del Pacto de Lausana extraigo lo siguiente del artículo 4:

> Evangelizar es difundir las buenas nuevas de que Jesucristo murió por nuestros pecados y resucitó de los muertos según las Escrituras, y que ahora como el Señor que reina ofrece el perdón de pecados y el don liberador del Espíritu a todos los que se arrepienten y creen... la evangelización misma es la proclamación del Cristo histórico y bíblico como Salvador y Señor, con la mira de persuadir a la gente a venir a él personalmente y reconciliarse así con Dios.[11]

En la iglesia puede haber deportes y recreación, pero no es un club. Puede haber talleres de artes y oficios, pero no es una escuela técnica. Puede haber un comedor para necesitados, pero no es una institución filantrópica. Puede haber consultorios médicos y psicológicos, pero no es una clínica o un hospital. Se puede enseñar idiomas, pero no es una escuela de idiomas. Todas estas actividades pueden ser ejecutadas por cualquier institución de la sociedad. Pero ninguna institución social se ha fundado para hacer lo que es distintivo de una iglesia: predicar el evangelio del reino de Dios, reino de amor, de justicia y de paz; encarnar a Jesucristo en una entrega de

[10]John Stott, *La misión cristiana hoy* (Buenos Aires: Certeza, 1977), pp. 48, 50.
[11]Citado por René Padilla, *El evangelio hoy* (Buenos Aires: Certeza, 1975), pp. 171, 172.

servicio abnegado. Así como Dios se encarnó en el Verbo, el Verbo se encarna en la iglesia. En Navidad Dios vino a estar con nosotros en la persona de Cristo (Emmanuel: Dios con nosotros), y en Pentecostés el Verbo vino a estar con nosotros en la persona del Espíritu Santo. El mundo debe ver a Cristo en su iglesia, y ésta no puede representar a Cristo correctamente si permanece impasible ante la necesidad del mundo por el cual Cristo murió. El amor y la justicia de Cristo tienen que ser exhibidos por la iglesia en favor del mundo sufriente. El evangelio de *shalom* debe llevar bienestar, armonía y felicidad a los hombres.

La iglesia no debe limitarse a declamar sobre el amor. El amor que solo es retórico y no práctico no es verdadero amor. René Padilla, después de afirmar que el evangelio es buenas nuevas del reino que Cristo proclama y encarna, que es buenas nuevas de liberación, de restauración, de salud y de salvación personal, social, global y cósmica, dice: "No hay base bíblica para la dicotomía entre la palabra hablada y la palabra hecha visible en la vida del pueblo de Dios... debemos repudiar como demoníaco el intento de hacer un divorcio entre la evangelización y la acción social".[12]

Si Cristo vino a anunciar buenas nuevas a los pobres, a proclamar libertad a los cautivos, vista a los ciegos y a poner en libertad a los oprimidos (Luc. 4:18), y está presente en su iglesia como lo prometió (Mat. 28:20), entonces la iglesia es una comunidad terapéutica y liberadora.

Es misión singular de la iglesia también enseñar la Biblia, adorar a Dios, practicar la oración, promover la comunión fraternal, bautizar, administrar la Cena conmemorativa, ministrar la bendición divina sobre los nuevos matrimonios en ceremonias nupciales, presentar los niños al Señor, despedir a los muertos con palabras de consuelo y esperanza, y llevar la paz divina a las personas y a los hogares.

No completaría mi pensamiento sobre la misión de la igle-

[12]Ibíd., pp. 184, 185.

sia si no dijera algo sobre el servicio cristiano. Quiero dejar bien sentado que el servicio es un fin en sí mismo. Jesús lo enseñó (Luc. 10:37) y lo ejemplarizó (Mar. 10:45; Luc. 4:18). No es un medio de evangelización sino que es compañero de la misma. Si la gente beneficiada se convierte, mejor, pero si no, igual hay que servirle desinteresadamente. El servicio debe ser por amor sin fines proselitistas. Jesús sanó a muchas personas que no se convirtieron (Mat. 8:17). De los diez leprosos curados sólo uno volvió para agradecerle (Luc. 17:17). Jesús dijo que Dios es benigno para con los ingratos y perversos (Luc. 6:35).

El servicio y la evangelización van juntos. Son las dos caras de una misma moneda. Evangelizar es servir a la sociedad humana. Y no es un servicio de segunda clase, puesto que enseña a los hombres y a las mujeres a vivir de acuerdo al señorío de Jesucristo... Tenemos que realizar obra social —ayudar a los pobres, sostener a las viudas, socorrer a los huérfanos y refugiados— pero a la vez tenemos que recordar que predicar el evangelio es una de las más importantes actividades que podemos hacer por una nación.[13]

6. Sanidad psíquico-emocional

Los problemas psíquico-emocionales no son fáciles de erradicar. Si son curables, la sanidad es un proceso y lleva su tiempo. Es muy importante la constancia en el tratamiento.

Es frecuente que el paciente cuando se siente bien abandone el tratamiento, lo cual es un error porque después el mal se complica y su curación se hace más difícil.

El cristiano tiene siempre el recurso de la oración, pero ésta no es un sustituto de su tratamiento médico o psicológico. La oración incesante es un reconocimiento de que Dios está por encima de todos los medios de sanidad, y que él puede usarlos eficazmente. Además, la oración es una manifestación de fe en el poder y en el amor de Dios. Jesús enseñó

[13]Luis Palau, "La predicación es también obra social", *Continente Nuevo*, N° 6 (mayo, 1968), p. 14.

que hay que orar siempre y no desmayar (Luc. 18:1).

Si se trata de enfermedades irreversibles se puede ayudar al enfermo a sobrellevarlas. Es de incalculable valor el apoyo moral y espiritual que se le puede brindar en tales casos. Para los creyentes siempre está presente la posibilidad del milagro. Algunos pretenden que Dios haga milagros en todos los casos y aseguran a los enfermos que él los va a realizar; pero los milagros no siempre son necesarios puesto que Dios ha provisto una vía natural de curación. No obstante es legítimo pedirlos cuando no hay solución humana posible, pero no podemos manipular a Dios. Él es soberano y va a efectuar el milagro si está dentro de su voluntad. Debemos cuidarnos de no crear falsas expectativas a los enfermos especialmente cuando se los unge con aceite o se les imponen las manos, porque en el tiempo apostólico estas prácticas iban indefectiblemente unidas a la sanidad.

Tengamos en cuenta que los milagros son por su naturaleza excepcionales. Si bien los apóstoles estaban divinamente facultados para obrar milagros (Hech. 2:45; 5:12), también había dones de sanidades y de milagros en los primeros años de la vida de la iglesia (1 Cor. 12:9, 10), y Dios sanaba a los enfermos por medio de la oración de fe de los ancianos de la iglesia (Stg. 5:15), el obrar de Dios en estos veinte siglos de cristianismo no ha sido el de milagros habituales. Siempre ha habido milagros en forma esporádica, especialmente en tiempos de avivamiento, y hay testimonio de que hoy también los hay, aunque no con la profusión y regularidad que los hubo en los primeros tiempos del período apostólico. Dios en vez de obrar sobrenaturalmente lo ha hecho a través de la naturaleza cuyas leyes están vigentes tanto para los cristianos como para los que no lo son.

¿Por qué hoy en día no vemos los espectaculares milagros de los cuales leemos en la Biblia? La escasez en la producción de esos milagros ¿se debe a nuestra poca fe, o será que Dios no quiere ahora lo espectacular? ¿Será que las señales, prodigios y maravillas eran dones particularmente apropiados a las especiales circunstancias de la iglesia primitiva? Es nuestra creencia que así es.[14]

Lo dicho no debe oscurecer el hecho de que el evangelio es un milagro de Dios, y la salvación eterna de los pecadores es una obra sobrenatural, y esto sucede todos los días.

7. La depresión

El caso de la depresión debe ser mencionado aquí por la manera en que se la ha tratado. Se han tejido varios mitos en torno de esta enfermedad. No faltan en la literatura evangélica severos juicios contra los que la padecen. Se ha dicho, incluso desde algunos púlpitos, que no tienen suficiente confianza en Dios; que posiblemente estén ocultando algún pecado del cual tienen que arrepentirse; que algún demonio se les puede haber metido en la mente; que un cristiano deprimido es una contradicción de términos; que la depresión es una enfermedad de incrédulos, y muchas otras cosas más que se aproximan a una crueldad increíble.

No puedo compartir lo que dice Tim LaHaye: "Ningún cristiano lleno del Espíritu sufrirá jamás las consecuencias de la depresión. Antes de que un creyente lleno del Espíritu Santo pueda caer en la depresión, tiene que contristar al Espíritu por la ira o ahogar al Espíritu por el temor".[15] La misma opinión es expresada por La Hora de la Reforma, comentando la depresión de Elías:

> Tenía razón Elías de sentirse deprimido. Pero aquella depresión era pecado, uno de los pecados claramente demostrados en las páginas de la Palabra de Dios. Razón sí, razones ciertamente, pero indiscutiblemente Elías recibió la visita de un mensajero de Dios en aquel desierto de su depresión y ésta fue la pregunta que Dios le formuló: ¿Qué haces aquí Elías? Esa pregunta del cielo señala lo peligroso y pecaminoso de la depresión espiritual. Si usted se encuen-

[14]Billy Graham, El Espíritu Santo (El Paso: Casa Bautista de Publicaciones, 1980), pp. 184,185.
[15]Tim LaHaye: *Temperamentos controlados por el Espíritu* (Miami: Editorial Unilit, 1990), p.146.

tra en ese valle o abismo, oiga la pregunta que le hace Dios también a usted. ¿Qué haces aquí?[16]

Creo más bien lo que dice Seamands:

> Nosotros los predicadores hemos dado a nuestros oyentes la idea equivocada de que el nuevo nacimiento y el ser llenos del Espíritu van a resolver de modo automático todos estos traumas y conflictos emocionales. Pero no es así. Una gran crisis en que experimentan a Jesucristo, por importante y valiosa que sea eternamente, no es un atajo para la salud emocional, no es una cura rápida para los problemas de la personalidad... "Dios no nos dice: 'Podéis acudir avergonzados' o 'Podéis venir sintiéndoos culpables'. No tenéis por qué decir: *Me pasa algo espiritualmente* porque *sufro esta depresión. No soy espiritual*". Estas son crueldades que los cristianos nos infligimos los unos a los otros, pero no son bíblicas.[17]

El psiquiatra Daniel Tinao, quien también es pastor, en una conferencia relató que algunos creyentes que lo consultan por depresión se disculpan alegando que son creyentes y no tendrían que estar deprimidos. Pero él les dice que si estuvieran enfermos del hígado o hubieran tenido un infarto, ¿acaso se sentirían culpables? Esto es lo mismo. Las dinámicas que llevan a la enfermedad mental y psicológica son las mismas que llevan a la enfermedad psíquica, y si un creyente puede padecer una hepatitis, un infarto, o una neumonía, ¿por qué no puede padecer una neurosis, una psicosis o una depresión? También relata que los creyentes son los que más fácilmente abandonan el tratamiento psicológico porque el pastor o un buen hermano de la iglesia le dicen que un creyente no puede tener depresión, que si la tiene es por falta de fe, que un creyente no debe tomar pastillas, que tiene que orar, ser ungido con aceite y recibir imposición de manos. Entonces a los tres meses vuelven al consultorio en un estado calamitoso.[18]

Todas las afirmaciones descalificatorias sobre los que su-

---

[16] "La depresión espiritual", *La Hora de la Reforma*, Vol. XI, Nº 1, p. 53.

[17] David A. Seamands, *Curación para los traumas emocionales* (Terrassa: Editorial CLIE, 1986), pp. 16, 52.

[18] Daniel Tinao, videocinta *La depresión*, Buenos Aires.

fren depresión no guardan una justa relación con la experiencia de muchos santos de la Biblia y de la historia cristiana. Escuchemos atentamente lo que dice la Biblia de algunos gigantes de la fe y comparemos los síntomas que sufrieron con los síntomas de la depresión, tal como ahora la conocemos.

De Abraham, el hombre que "creyó a Jehovah, y le fue contado por justicia" (Gén. 15:6), dice: "pero cuando el sol estaba por ponerse, cayó sobre Abram un sueño profundo, y he aquí que se apoderó de él el terror de una grande oscuridad" (Gén. 15:12). David decía: "Mis lágrimas han sido mi alimento día y noche... ¿Por qué te abates, oh alma mía y te turbas dentro de mí? Espera en Dios porque aún le he de alabar. ¡Él es la salvación de mi ser, y mi Dios! Mi alma está abatida dentro de mí" (Sal. 42:3, 5, 6). Elías el profeta había tenido un momento cumbre en su vida cuando derrotó a los profetas de Baal, pero después de la amenaza de la sanguinaria Jezabel, huyó al desierto de Horeb, se sentó debajo de un enebro y "ansiando morirse dijo: 'Basta ya, oh Jehovah. Quítame la vida, porque no soy mejor que mis padres'" (1 Rey. 19:4). Jonás al verse contrariado expresó: "Ahora, oh Jehovah, por favor, quítame la vida; porque mejor sería mi muerte que mi vida" (Jon. 4:3). Jesús, en el huerto de Getsemaní dijo: "Mi alma está muy triste, hasta la muerte" (Mat. 26:38).

En todos estos casos podemos apreciar manifestaciones depresivas: un temor excesivo, falta de apetito, llanto, abatimiento, turbación, angustia y deseos de morirse. La vida se les ha tornado una pesada carga, casi insoportable.

Las personas deprimidas necesitan mucho amor y comprensión. A veces todo lo que podemos hacer por ellas es orar y acompañarlas en su tratamiento psicológico. Generalmente se autoacusan por su situación, de modo que agravamos más su desgracia si nos erigimos en jueces como los amigos de Job, o si afirmamos que están poseídos por algún demonio, o si les decimos que tienen que esforzarse y cobrar ánimo, cosa que no pueden hacer debido a su estado.

Hay una enfermedad común denominada "depresión endógena", que no tiene una causa identificable ni en la situación ambiental ni en el estado físico... Más a menudo la contraen personas conscientes y escrupulosas, que irresponsables. Si uno la tiene, está en buena compañía pues Abraham Lincoln, Samuel Johnson, Charles Lamb, Tschaikovsky y Chopin se encuentran entre los que se sabe que la tuvieron.[19]

David A. Seamands cuenta que John Wesley, fundador del metodismo, y Samuel Logan Brengle, un gran santo del Ejército de Salvación, sufrían de depresión.[20] Georgia Harkness nos cuenta de los períodos depresivos de hombres de la talla espiritual de Jorge Fox, fundador de "La sociedad de los amigos", y de John Bunyan, autor de "El progreso del peregrino".[21]

La psiquis se enferma igual que el cuerpo y necesita curación. Nadie es culpable por enfermarse a menos que se provoque la enfermedad intencionalmente. El paciente no tiene que culparse a sí mismo por lo que le pasa. No significa necesariamente que su relación con Dios sea mala, o que esté viviendo en un descenso espiritual o que esté pagando por algún pecado. La depresión generalmente no es causada por algún pecado, aunque puede darse que algún pecado cause depresión. "La depresión está relacionada con la estructura de la personalidad, la constitución física, la química del cuerpo, las funciones glandulares, las pautas emocionales y los conceptos-sentimientos aprendidos. Como cristianos hemos de comprender esto y aceptarlo".[22]

Los conceptos-sentimientos o sentimientos-conceptos significan "la combinación de imágenes y sentimientos que hemos ido juntando sobre nosotros mismos".[23]

---

[19]Georgia Harkness, *La noche oscura del alma* (Buenos Aires: Methopress, 1964), p. 21.
[20]David A. Seamands, *Curación para los traumas emocionales* (Terrassa: Editorial CLIE), pp. 138, 139.
[21]Georgia Harkness, *La noche oscura del alma* (Buenos Aires: Methopress, 1964), pp. 39-53.
[22]David A. Seamands, *Curación para los traumas emocionales* (Terrassa: Editorial CLIE), p. 141.
[23]Ibíd., p. 75.

Capítulo 4
Sanidad y salvación

I. SANIDAD ESPIRITUAL

Este es un tema que con propiedad puede ser abordado por pastores, pues cae dentro de su legítima competencia.

1. La salvación como salud o sanidad

En la Biblia, la salvación es también concebida en términos de salud o sanidad. En este caso es sanidad interior pero del espíritu. Fijémonos en estas expresiones: "Por sus heridas fuimos nosotros sanados" (Isa. 53:5), y "por sus heridas habéis sido sanados" (1 Ped. 2:24). De acuerdo con estos pasajes, todo cristiano está espiritualmente sano. Estaba enfermo y fue sanado. Notemos los tiempos de los verbos: "fuimos", "habéis sido". Ocurrió en la conversión. Dios sanó nuestro espíritu enfermo por el pecado.

Jesús también se refirió a la salvación en términos de sanidad espiritual. En Lucas 5:31 leemos: "Respondiendo Jesús les dijo: 'Los sanos no tienen necesidad de médico, sino los que están enfermos'". Los "sanos" son los que están reconciliados con Dios, han sido perdonados de sus pecados y disfrutan de paz interior. Los "enfermos" son los que todavía no se han arrepentido y permanecen en pecado. Jesucristo es el médico divino que sana el alma enferma del pecador.

2. La diferencia entre ser o estar enfermo

Aun el que está sano, a menos que esté inmunizado, es susceptible de contraer alguna enfermedad. Una persona físicamente sana puede resfriarse, engriparse, herniarse, o fracturarse un miembro del cuerpo; el hecho de que esté circunstancialmente enferma no significa que sea enferma crónica. Alguien que ha caído en una depresión o esté padeciendo un desorden psicológico no significa que sea sicótico o neurótico. En el plano espiritual, los que han sido sanados por la sangre de Jesucristo caen también en pecados o faltas morales. El apóstol Juan les decía a los creyentes: "Si decimos que no tenemos pecado, nos engañamos a nosotros mismos, y la verdad no está en nosotros,... pero si decimos que no hemos pecado, le hacemos a él mentiroso, y su palabra no está en nosotros" (1 Jn. 1:8, 10).

Hay en el Evangelio de Juan otros versículos que parecen contradecir a los que acabamos de citar y transcribir. Por ejemplo, 1 Juan 3:9: "Todo aquel que ha nacido de Dios no practica el pecado, porque la simiente de Dios permanece en él, y no puede seguir pecando, porque ha nacido de Dios".

La explicación de esta aparente contradicción es que en el inconverso la práctica del pecado es habitual, mientras que en el convertido es accidental. El que no ha nacido de nuevo vive su vida natural con su naturaleza adámica en permanente transgresión de la voluntad de Dios. Mientras que el que ha nacido de nuevo tiene una nueva naturaleza espiritual con la que procura agradar a Dios en todas las cosas.

Pablo escribe: "De modo que si alguno está en Cristo, nueva criatura es; las cosas viejas pasaron; he aquí todas son hechas nuevas" (2 Cor. 5:17). Pero el creyente convive con su vieja naturaleza o "viejo hombre" en una lucha espiritual en la que cada naturaleza trata de prevalecer sobre la otra. Por esa razón a veces el convertido cede a la tentación y es vencido por el mal en forma parcial. Cuando esto sucede sufre y se entristece porque el pecado no es su práctica habitual y permanente sino su desgracia accidental.

El verdadero cristiano no es un enfermo espiritual crónico sino que es alguien que ha sido sanado por las llagas de Cristo. Sin embargo puede enfermar. Si el pecado es una enfermedad, y el cristiano también peca, la deducción es obvia. No obstante si ha nacido de nuevo, el pecado no se enseñoreará de él (Rom. 6:14). De lo anterior se desprende que el pecado no le producirá la muerte espiritual porque "el tal no viene a condenación, sino que ha pasado de muerte a vida" (Juan 5:24).

3. El remedio divino

El remedio provisto por Dios para esta enfermedad espiritual y temporal del pecado es la confesión a Dios. "Si confesamos nuestros pecados, él es fiel y justo para perdonar nuestros pecados y limpiarnos de toda maldad" (1 Jn. 1:9). El que confiesa es porque ha reconocido sus pecados y se ha arrepentido de los mismos. El arrepentimiento sincero y la confesión franca corresponde al hombre, y el perdón completo y la limpieza corresponde a Dios. "La sangre de su Hijo Jesús nos limpia de todo pecado" (1 Jn. 1:7).

II. SANIDAD INTERIOR: PARA CREYENTES O INCONVERSOS

1. Lo interior según Pablo

Si usamos correctamente los términos, de acuerdo con el Nuevo Testamento, lo interior es lo espiritual, mientras que lo exterior es lo físico. Uno es lo que está adentro y otro lo que está afuera, uno lo invisible y otro lo visible.

Pablo en 2 Corintios 4:16 pone en contraste dos palabras: *eso* que significa interior, y *exo* que significa exterior. Usa la palabra interior para referirse al espíritu en contraposición al cuerpo. Mientras que con el correr del tiempo el espíritu se renueva, el cuerpo decae y se deteriora. Las facultades del cuerpo disminuyen. Los poderes sexuales decrecen, la mujer tiene un límite de edad para concebir y dar a luz hijos. Después de cierta edad se hace necesario usar anteojos de aumento por la disminución de la capacidad visual. También el oído empieza a fallar. Las personas de edad avanzada pierden fuerzas físicas, ya no pueden practicar deportes como en la juventud ni tienen la misma resistencia. Aparecen trastornos en las funciones orgánicas. La arteriosclerosis —enfermedad que consiste en el endurecimiento de las arterias— afecta la capacidad de raciocinio y en general la conducta. El deterioro del cerebro en la senilidad es causa de trastornos mentales, en algunos casos llega a ser de tipo sicótico y paranoico. De modo que lo interior "que se renueva de día en día" no es ni lo físico ni lo psíquico, sino lo espiritual.

También "el hombre íntimo", en Romanos 2:29, es designado por el apóstol Pablo como *krupto* (secreto), *kardias* (corazón), y *pneumati* que es la parte espiritual de nuestro ser. Esa parte espiritual, "el hombre íntimo", se deleita en la ley de Dios.

No obstante lo dicho, la distinción entre lo psíquico y lo espiritual es relativamente moderna y por lo tanto no entraba en la concepción paulina. Los judíos, como hemos demostrado en el capítulo tres, veían al hombre como una unidad físico-espiritual. El corazón, mencionado en Romanos 2:29 en relación con lo interior y lo espiritual, significa figuradamente las emociones y los sentimientos. En realidad el corazón es un órgano físico que bombea la sangre que circula por todo el cuerpo, pero siempre se le ha atribuido, sobre todo en la poesía y la retórica, poderes afectivos. Se lo ha considerado como fuente del amor y del odio, del pensamiento, de las virtudes y de los defectos. El bien y el mal fluyen de él; el pecado y la santidad también.

Veamos algunos ejemplos tomados del Antiguo Testamento y del Nuevo Testamento sobre el uso de este término que confirman lo que acabamos de afirmar.

> Jehovah vio que la maldad de los hombres era mucha en la tierra, y que toda tendencia de los pensamientos de su corazón era de continuo sólo al mal.
>
> Génesis 6:5

> Y amarás a Jehovah tu Dios con todo tu corazón, con toda tu alma y con todas tus fuerzas.
>
> Deuteronomio 6:5

Pero Jehovah dijo a Samuel: "No mires su apariencia, ni lo alto de su estatura, pues yo lo he rechazado. Porque Jehovah no mira lo que mira el hombre: El hombre mira lo que está delante de sus ojos, pero Jehovah mira el corazón".

1 Samuel 16:7

En mi corazón he guardado tus dichos, para no pecar contra ti.

Salmo 119:11

Porque donde esté tu tesoro, allí también estará tu corazón.

Mateo 6:21

Y les respondió diciendo: "Bien profetizó Isaías acerca de vosotros, hipócritas, como está escrito: Este pueblo me honra de labios, pero su corazón está lejos de mí".

Marcos 7:6

Porque con el corazón se cree para justicia, y con la boca se hace confesión para salvación.

Romanos 10:10

El "corazón", el "espíritu" y el "alma" tenían que ver con la vida interior, íntima, espiritual. En la Biblia no se hace distinción entre lo psíquico y lo espiritual, sin embargo, si lo interior es lo que se renueva mientras el cuerpo envejece, y es lo que sobrevive a la muerte del cuerpo, entonces lo interior es lo espiritual. El hombre interior es el que se arrepiente, el que cree y el que se salva. Por supuesto no es un espíritu descarnado, pero cuando ocurra la muerte, el cuerpo se va a disolver mientras que el espíritu retornará a Dios que lo dio (Gén. 2:7; Ecl. 12:7; Fil. 1:23).

2. Lo interior según Pedro

En 1 Pedro 3:4 ("...sino que sea la persona interior del corazón, en lo incorruptible de un espíritu tierno y tranquilo. Esto es de gran valor delante de Dios".) para referirse a la vida interior, Pedro usa tres términos: *kruptos* (interior), *kardias* (corazón) y *pneumatos* (espíritu), según la traducción Reina-Valera

Actualizada. La versión Dios Habla Hoy traduce "íntimo" en vez de interior, y la Biblia de Jerusalén, "oculto". Si comparamos este versículo con Romanos 2:29, son las mismas palabras. Pablo las aplica al verdadero judío, al que es espiritual en contraposición al judío que lo es sólo étnicamente y que sólo le da importancia a aspectos externos como el rito de la circuncisión y la observancia literal y legalista de la letra de la ley. Pedro habla del ornamento y la ropa de las mujeres, y contrasta lo externo (*exozen*) —peinados, vestidos, joyas— con lo interno (*kruptos*) "la incorruptibilidad de un alma dulce y serena" (Biblia de Jerusalén).

Para establecer una doctrina no debemos basarnos en definiciones psicológicas ni en significados modernos de las palabras, sino que debemos reconocer el contenido de las palabras griegas del Nuevo Testamento y cómo usaban dichos términos con el trasfondo judío.

La sanidad interior, por lo tanto, es sanidad espiritual. Esta sanidad ocurre cuando la persona se convierte a Cristo. Pasa del estado de muerte a vida (Juan 5:24). El médico divino, médico del alma, (entiéndase por alma la vida espiritual) ha otorgado la sanidad espiritual que es sinónimo de salvación. Hubo arrepentimiento y fe y también perdón de los pecados: "Por sus heridas habéis sido sanados" (1 Ped. 2:24).

3. La enfermedad del pecado

Se ha dicho muchas veces que el pecado es la enfermedad del alma; que es una enfermedad mortal. Se la ha comparado con el cáncer que carcome, destruye y mata el cuerpo. Así el pecado en el alma, destruye lenta e inexorablemente la vida espiritual. Lleva al pecador a la condenación eterna, a la muerte segunda (Apoc. 21:8).

Según la Biblia el pecado es universal. Nadie en ninguna parte está excento de él. Heredamos de Adán la naturaleza caída, de modo que en nuestro estado natural, es decir, desde que nacemos, somos pecadores por naturaleza. Después, cuando entramos en "uso de razón" somos también pecadores por hábito. El Predicador dice: "Ciertamente no hay hombre justo en la tierra que haga lo bueno y no peque" (Ecl. 7:20), y el apóstol Pablo es bien categórico al afirmar: "Porque todos pecaron y no alcanzan la gloria de Dios" (Rom. 3:23).

En el idioma griego del Nuevo Testamento el verbo pecar es *hamartanein,* y el sustantivo pecado: *hamartía.* Este era un vocablo usado secularmente en el griego clásico. No tenía connotación moral ni religiosa. Significaba sencillamente "errar el blanco". Pecaba el cazador que no acertaba a su blanco con la flecha, o el viajero que equivocaba su ruta, o el comerciante que fracasaba en su negocio. Pero esa palabra como muchas otras tomadas del mundo secular son acuñadas con otro sentido en el Nuevo Testamento.

Desde el punto de vista moral, pecado es injusticia, maldad, engaño, injuria, defraudación, traición, crueldad, etc. Desde el punto de vista religioso, es infracción a la ley de Dios (1 Jn. 3:4), es incredulidad (Juan 16:9), desobediencia a Dios y rebeldía (Isa. 1:4, 5), falta de amor a Dios y al prójimo (Mar. 12:30, 31), falta de fe (Rom. 14:23), falta de oración (1 Sam. 12:23), idolatría (Apoc. 21:8), injusticia (1 Jn. 5:7), falta de perdón (Mat. 6:14, 15).

El pecado es tan grave que exigió la muerte de Cristo. En Isaías 53:5, 6, un mensaje profético, leemos que "él fue herido por nuestras transgresiones, molido por nuestros pecados. El castigo que nos trajo paz fue sobre él, y por sus heridas fuimos nosotros sanados. Todos nosotros nos descarriamos como ovejas; cada cual se apartó por su camino. Pero Jehovah cargó en él el pecado de todos nosotros". Pues bien, en Isaías 1:5, 6 el pecado es considerado una enfermedad: "¿Para qué habréis de ser golpeados aún? Pues todavía persistiréis en rebelaros. Toda cabeza está dolorida, y todo corazón está enfermo. Desde la planta del pie hasta la cabeza no hay en ella parte sana, sino heridas, golpes y llagas recientes. No han sido curadas, ni vendadas, ni suavizadas con aceite".

Los creyentes, los que hemos nacido de nuevo y por lo tanto ya hemos sido perdonados, lavados y santificados (1 Cor. 6:11), también somos pecadores. El apóstol Juan habla a los cristianos, a los convertidos, cuando afirma: "Si decimos que no tenemos pecado, nos engañamos a nosotros mismos, y la verdad no está en nosotros... Pero si decimos que no hemos pecado, le hacemos a él mentiroso, y su palabra no está en nosotros" (1 Jn. 1:8, 10). Pero somos pecadores redimidos. Aunque el Nuevo Testamento nos llama "santos" somos también pecadores, y no hay contradicción en estas afirmaciones, porque "santo" significa "distinto", o "apartado" y no "exento de pecado". Podemos confiar en que la sangre de Jesucristo nos limpia de todo pecado (1 Jn. 1:7) y la única razón para ello es porque hemos creído en Jesucristo.

Dios ha levantado su sentencia de muerte de aquellos que han creído en su Hijo Jesucristo: "De cierto, de cierto os digo que el que oye mi palabra y cree al que me envió tiene vida eterna. El tal no viene a condenación, sino que ha pasado de muerte a vida" (Juan 5:24). Esto significa que no van a morir eternamente por causa de la enfermedad del pecado. "Yo soy la resurrección y la vida; el que cree en mí, aunque muera vivirá. Y todo aquel que vive y cree en mí, no morirá para siempre" (Juan 11:25, 26). No van a ir al infierno. En cambio los inconversos padecen la enfermedad mortal y necesitan ser sanados para ser librados de la muerte eterna. Esa sanidad es espiritual, sanidad de la enfermedad del pecado, sanidad interior. Para el inconverso, la sanidad interior se produce cuando se entrega a Cristo. El apóstol Pedro dice a los creyentes: "por sus heridas habéis sido sanados" (1 Ped. 2:24). La herida aludida es la que sufrió Jesús en la cruz.

Ahora bien, el cristiano, que también es pecador, aunque perdonado, ¿cómo sana interiormente cuando está enfermo por causa de alguna herida infligida por una ofensa, injuria, calumnia, discriminación, indiferencia o abandono?, ¿cómo se libera de sus amarguras, resentimientos o rencores?, ¿cómo se alivia de las cargas por causa de una conciencia sensible que lo acusa de faltas cometidas contra Dios o contra el prójimo? La respuesta nos lleva al siguiente punto.

4. La sanidad por el perdón de Dios

Dentro del sistema de la Iglesia Católica Romana, el confesonario ha sido una terapia efectiva. Los fieles son interrogados por el ministro religioso y ellos van confesando, haciendo la descarga de todos sus problemas. Dicha catarsis trae un gran alivio, una gran paz. El *Ego te absolvo* del sacerdote es para el católico la voz de Dios, por lo tanto quedan interiormente sanos. Luego "pagan" su deuda con cierta disciplina impuesta por el confesor. Esto completa la "sanidad interior" pues creen que Dios ya los ha perdonado.

Para el cristiano evangélico la confesión de pecado se hace sólo a Dios que es el único que puede perdonar pecados (Mar. 2:7, 10). Es así porque el pecado es una ofensa a Dios. David había pecado contra Urías, el heteo, sin embargo él le dice a Dios: "Contra ti, contra ti solo he pecado y he hecho lo malo ante tus ojos" (Sal. 51:4a).

La confesión sincera a Dios, acompañada de genuino arrepentimiento, trae el perdón. "Mi pecado te declaré y no encubrí mi iniquidad. Dije: 'Confesaré mis transgresiones a Jehovah'. Y tú perdonaste la maldad de mi pecado" (Sal. 32:5). Ver también Proverbios 28:13 y 1 Juan 1:9. Dijimos que la enfermedad es el pecado, por lo tanto el remedio es el perdón de Dios. El inconverso recibe la salvación y ésta es la sanidad de la enfermedad del pecado. El creyente, con el perdón de Dios, también sana interiormente de todo aquello que lo aflige y lo tortura. Si el inconverso se reconoce pecador, se arrepiente, y entrega su vida a Cristo, entonces es sanado por Cristo y llega a ser salvo. El creyente es hijo de Dios, salvado por gracia, sanado de la enfermedad natural y crónica del pecado, pero reconoce que también peca porque no es perfecto y que necesita confesar a Dios sus faltas para recibir el perdón y quedar sano interiormente.

5. ¿Cómo mantener la sanidad interior?

Si la sanidad interior es sanidad espiritual, entonces es obra de Dios y no de los hombres. Es Dios el que perdona los pecados, nos libera del señorío del pecado, nos levanta la sentencia de condenación, y nos da la seguridad de la vida eterna.

La salvación que se originó en el corazón de Dios, en la misma eternidad, y que Jesucristo ejecutó en forma perfecta y completa (Juan 17:4) en la cruz, Dios la aplica y la sostiene. No es condicional sino eterna (Juan 5:24). Nuestra vida y nuestro destino están en las manos poderosas y seguras del Padre y del Hijo (Juan 10:27-29). Si perseveramos es gracias a la intercesión de Cristo a nuestro favor (Heb. 7:25) y al hecho de que como dice Pablo: "Dios es el que produce en vosotros tanto el querer como el hacer, para cumplir su buena voluntad" (Fil. 2:13), y que "el que en vosotros comenzó la buena obra, la perfeccionará hasta el día de Cristo Jesús" (Fil. 1:6). Así como el éxodo de los israelitas, desde Egipto rumbo a la tierra prometida pasando por el desierto y viajando con Dios hacia la meta por él establecida, los cristianos también hemos salido de la opresión del diablo y del pecado en un viaje hacia la patria celestial. La perseverancia hasta el fin es la marca de la salvación. Los que quedan en el camino no son salvos, sino los que entran en la Canaán celestial. Juan dice: "Salieron de entre nosotros, pero no eran de nosotros; porque si hubieran sido de nosotros, habrían permanecido con nosotros. Pero salieron para que fuera evidente que no todos eran de nosotros" (1 Jn. 2:19).

Dios mismo, para llevar a su feliz culminación nuestra salvación, ha proporcionado y puesto a nuestro alcance los medios de gracia, a fin de mantenernos sanos y fuertes hasta el final del viaje de la vida. Mencionaremos algunos de estos medios:

(1) Oración. Una persona espiritualmente sana está reconciliada con Dios, goza de comunión con él, se siente un hijo suyo, está rebosando de gozo y gratitud, y por lo tanto no puede dejar de buscar la compañía de su Padre en oración. Cuando Saulo se convirtió sintió la necesidad de orar (Hech. 9:11). La oración nos mantiene en un estado permanente de dependencia de Dios y es por lo tanto fundamental para la vida cristiana. Pablo nos exhorta a orar sin cesar (1 Tes. 5:17). La oración sincera y confiada trae paz y bienestar. En ella encontramos consuelo y esperanzas renovadas. No debemos permitir que nada ni nadie nos impida orar.

Algunos pensamientos relacionados con la oración pueden ser útiles. No importa tanto la cantidad sino la calidad de la oración. La intensidad con que oremos es más importante que el tiempo que empleemos.

Hay oraciones de distintas clases: de acción de gracias, de alabanza, de petición y de intercesión. La oración cambia las cosas y con ella se desata el poder de Dios interviniendo para revertir situaciones difíciles y para hacer verdaderos milagros.

Hay distintas posturas físicas para orar: de pie, sentado, arrodillado, acostado, postrado. No se debe poner tanto énfasis en la posición física porque lo importante es que el espíritu esté quebrantado, contrito y humillado (Sal. 51:17).

Hay distintos lugares para orar: el templo, cualquier sitio de la casa, el lugar de estudio, de trabajo, el campo o la montaña. Dios escucha en cualquier lugar que estemos. Se puede orar mental o verbalmente. Lo que vale es orar a Dios. Los fariseos hipócritas buscaban el elogio y la admiración de los demás. Orando en lugares públicos aparentaban una santidad que no tenían. Un cristiano normal está siempre en espíritu de oración y eso trae sanidad al alma.

(2) Lectura de la Biblia. La lectura devocional de la Biblia debiera ser el pan espiritual cotidiano del creyente. La palabra de Dios siempre tiene algo para decirnos. Su mensaje es siempre vigente. Dios nos habla cuando la leemos con fe y con disposición de obediencia. El salmista decía "En mi corazón he guardado tus dichos para no pecar contra ti" (Sal. 119:11).

El que lee la Biblia es feliz y bendito. En el Salmo 1 se afirma que es bienaventurado el que se deleita en la ley de Jehová y medita en ella de día y de noche. El vigor y la salud radiantes se expresan con esta figura: "Será como un árbol plantado junto a corrientes de aguas, que da su fruto a su tiempo y cuya hoja no cae. Todo lo que hace prosperará" (v. 3). En Apocalipsis 1:3 se lee una bienaventuranza que se puede aplicar a toda la Biblia: "Bienaventurado el que lee y los que oyen las palabras de esta profecía, y guardan las cosas escritas en ella, porque el tiempo está cerca".

(3) Comunión fraternal. La vida cristiana no se vive en soledad, sino en comunidad. El salmista decía: "Yo me alegré con los que me decían: '¡Vayamos a la casa de Jehovah!'" (Sal. 122:1). La iglesia es una comunidad de amor, por ello es una comunidad terapéutica. Allí compartimos con nuestra familia espiritual las alegrías y las tristezas, nos apoyamos mutuamente y somos fortalecidos. Pablo exhorta "Gozaos con los que se gozan. Llorad con los que lloran" (Rom. 12:15). Es con el pueblo santo que se puede comprender lo ancho, lo largo, lo alto y lo profundo del amor de Dios (Ef. 3:18).

Un cristiano con problemas necesita del compañerismo, la solidaridad, el consuelo y la ayuda que proporciona la comunión fraternal. Un cristiano sano para mantenerse sano debe estar sirviendo al Señor junto a sus hermanos en la fe con una actitud positiva. El antiguo adagio dice: "mente sana en un cuerpo sano" y agregamos: "en un ambiente sano". La exhortación del autor de la carta a los Hebreos es: "Considerémonos los unos a los otros para estimularnos al amor y a las buenas obras. No dejemos de congregarnos, como algunos tienen por costumbre" (Heb. 10:24, 25).

(4) Testimonio personal. Dar testimonio de Cristo no es una opción sino un deber de cada cristiano. Jesús dijo a sus discípulos antes de ascender al cielo: "Pero recibiréis poder cuando el Espíritu Santo haya venido sobre vosotros, y me seréis testigos en Jerusalén, en toda Judea, en Samaria y hasta lo último de la tierra" (Hech. 1:8). El Espíritu Santo ya vino y todos los cristianos genuinos lo tenemos. Está en nosotros (Gál. 4:6; Ef. 1:13, 14; 1 Cor. 6:19).

El testimonio personal nos mantiene espiritualmente sanos porque nos obliga a la oración, al estudio de las Escrituras y a una vida digna del evangelio. Si no somos cristianos espirituales muy poca será nuestra influencia sobre los perdidos y poco eficaz nuestro testimonio.

III. SALVACIÓN Y SANIDAD

1. Fe para sanidad

Algunos creen que la fe prescinde de lo natural o del uso de medios naturales para la obtención de la sanidad. Puesto de otra manera: que recurrir a médicos y a la medicina es falta de fe en un Dios sanador de su pueblo. Nada más lejos de la verdad. La fe no obliga a Dios a obrar milagros. No se le puede establecer a Dios la metodología que él debe usar. Él sana a veces sobrenaturalmente, pero generalmente sana naturalmente. Los médicos y la medicina son instrumentos, Dios es el sanador, y además, es soberano.

Se suele citar en favor de la postura "antimédico", el caso del rey Asa, narrado en 2 Crónicas 16:12: "En el año 39 de su reinado Asa se enfermó de los pies. Su enfermedad fue muy grave; pero aun en su enfermedad no consultó a Jehovah, sino a los médicos". Pero el pecado de Asa no consistió en buscar a los médicos sino en que no buscó a Jehová. En otras palabras, buscó a los "médicos" paganos y no a los "médicos" puestos por Dios en Israel, que eran los sacerdotes (Deut. 24:8).

Dios sanó al rey Ezequías y le prolongó la vida quince años en respuesta a su oración (2 Crón. 32:24), pero no lo sanó sin hacer uso de médicos (2 Rey. 20:7). No tiene más fe el temerario que se deja morir por no recurrir al médico y esperando que Dios obre un milagro, que el que ora a Dios por su sanidad, acude al médico, se aplica la medicina prescrita, y encomienda tanto al médico como a la medicina al control y cuidado de Dios.

No es correcto decir: "no es la voluntad de Dios que usted esté enfermo, Dios quiere curar su mal". No hay base bíblica para hacer estas afirmaciones; por el contrario, hay varios pasajes que muestran que Dios mismo hiere con enfermedades o las permite, ya sea como instrumentos de juicio o de gracia. En 2 Crónicas 21:18 leemos: "Después de todo esto Jehovah lo hirió con una enfermedad incurable en sus intestinos". En este caso, usó la enfermedad para castigar a un rey perverso que fomentó la idolatría en Judá. Fue un acto de juicio divino. En el caso de la iglesia de Corinto en cambio, el castigo fue una manifestación de gracia para que los creyentes culpables no fueran condenados con el mundo (1 Cor. 11:30-32).

Otras veces la enfermedad no tiene la finalidad de castigar faltas determinadas. Puede ser una medida preventiva, como en el caso del apóstol Pablo, según él mismo lo expresa: "Y para que no me enaltezca sobremanera por la grandeza de las revelaciones, me ha sido dado un aguijón en la carne, un mensajero de Satanás, que me abofetee para que no me enaltezca" (2 Cor. 12:7).

La fe tiene poder curativo en sí independientemente de su objeto. Cualquier clase de fe. Pero al cristiano que ora con fe por su sanidad, no lo sana la fe, sino Dios en respuesta a la oración hecha con fe. Y lo sana con o sin médicos, con o sin medicina, como él lo disponga en su soberana y sabia voluntad.

En vista de la Escritura considerada, no es verdad que un creyente enfermo que no sana es porque le falta fe.

2. Cómo sana Dios

Es verdad que la salvación incluye la redención total, pero ésta se verificará recién en la resurrección. Stanley Jones dice que Dios continúa curando hoy, en varias maneras: Una, por medio de los cirujanos; dos, por medio de los médicos; tres, por medio de la sugestión mental; cuatro, por medio del clima; cinco, por medio de la liberación de temores subyacentes, soledad, egocentrismo, falta de propósito, resentimientos, y culpas que engendran enfermedad; seis por la operación directa del Espíritu de Dios sobre nuestros cuerpos; y siete, Dios sana por medio de la cura final, la resurrección. Después de comentar brevemente cada punto, agrega:

> Algunos de los santos de la tierra no han sido curados, han yacido en lechos de no mitigado dolor. ¿No ha querido sanarlos Dios? Sí, pero en algunos casos él pospone la cura hasta la cura final en la resurrección. Él los curará más tarde. Entretanto no sólo da al sufriente la capacidad de soportar el sufrimiento, sino de utilizarlo hasta tanto llegue la liberación final. ¿Utilizarlo? Sí. Hay quienes han sido llamados al "ministerio del sufrimiento", a llevar la cruz y a vivir "a pesar de".[1]

La ignorancia de las Escrituras, la buena intención y el deseo intenso de ver sano al creyente, ha llevado a hermanos espirituales y sinceros a cometer el error de decir en la oración: "Señor, en el nombre de Jesús, declaro sano a éste tu siervo", o "Echo en el nombre de Jesús al espíritu de enfermedad y declaro sano y libre de toda atadura a éste tu hijo". Dos crasos errores se cometen en expresiones como estas: Primero declarar sanidad, y segundo, atribuir la enfermedad a un espíritu. Este último punto se estudiará más adelante; y sobre declarar salud y después dar gracias, porque Dios ya lo ha sanado, suena a ordenar a Dios que haga lo que le pedimos y después agradecerle por habernos obedecido. Fernando Saraví dice al respecto: "Confesar la propia salud puede parecer una actitud muy espiritual, pero es un insulto al sentido común y está lejos de ser una actitud bíblica". Después menciona a Hobort Freeman, fundador de la "Asamblea de la Fe" quien dice que murieron decenas de personas —mayormente bebés y niños— por la insistencia en rechazar toda ayuda médica. Luego cita

[1]Stanley Jones, *El camino* (Buenos Aires: La Aurora, 1953), pp. 273-276.

también el caso tristemente bien conocido, y que fue difundido por la prensa mundial, del niño diabético Wesley Parker cuyos padres le suprimieron la insulina y declararon por fe la sanidad. El niño murió de atrocidosis diabética. "Entonces organizaron un servicio de resurrección... pero Wesley no resucitó. Cuando estos padres comprendieron su error procuraron advertir a otros en un conmovedor libro, titulado "Dejamos morir a nuestro hijo".[2]

3. Fe para salvación y don de fe

Se llama fe de la gracia común la que ejercemos para ser salvos. Efesios 2:8 dice: "Porque por gracia sois salvos por medio de la fe; y esto no de vosotros, pues es don de Dios". Sólo por gracia tenemos acceso a ella y sin la gracia nunca hubiéramos llegado a creer. Pero aparte de esta fe que todos los creyentes tenemos, está el **don de fe** mencionado en 1 Corintios 12:9. Si todos los cristianos tuvieran este don, no diría "a otro, fe" sino "a todos, fe", porque el don de la fe sería patrimonio común de todos los creyentes. Sin embargo está en la lista de las manifestaciones del Espíritu que son dadas no todas a todos, sino a cada uno por lo menos una. Como no todos tienen todos los dones (1 Cor. 12:29, 30), sólo algunos deben haber recibido este don. No estamos todos obligados a tenerlo. Billy Graham dice: "ocurren muchas cosas en nuestras vidas respecto de las cuales no existen promesas específicas en la Palabra de Dios. Por eso cuando oramos agregamos la frase: 'si es tu voluntad'. Pero a veces el Espíritu Santo nos da el don de fe para creer cosas sobre las cuales la Biblia nada dice".[3]

IV. ¿EXISTE UN EVANGELIO DE SANIDAD?

1. El evangelio es único

No hay otro evangelio (Gál. 1:1-9). Cuando Jesús mandó a predicar el evangelio, según Marcos 16:15-17, anunció cinco

---

[2]Fernando Saraví, *El control mental cristiano* (Buenos Aires: Certeza, 1994), p. 106.
[3]Billy Graham, *El Espíritu Santo* (El Paso: Casa Bautista de Publicaciones), p. 168.

clases de señales que acompañarían a la predicación. **Una**: Echar fuera demonios. **Dos**: Hablar nuevas lenguas. **Tres**: Tomar serpientes en las manos. **Cuatro**: Beber veneno sin perjuicio alguno. **Cinco**: Sanar enfermos imponiéndoles las manos. En casi todas las versiones de la Biblia está la aclaración de que en los manuscritos más antiguos el Evangelio de Marcos termina en el versículo ocho del capítulo dieciséis. Aunque el pasaje es de dudosa autoridad por no hallarse en los manuscritos más antiguos, sabemos por el libro de Los Hechos de los Apóstoles que algunas de estas señales siguieron por algún tiempo. No obstante tales manifestaciones extraordinarias no formaban parte de la esencia del evangelio. Como bien expresa Rowland V. Bingham: "Creemos evidente que nuestro Señor aquí hace distinción entre el Evangelio y las señales que deberían acompañarlo para su demostración".[4] Caio Fabio dice que "Las señales son marcas de presencia y no acontecimientos comunes y corrientes".[5] También John Stott es categórico en este punto:

> La salvación no significa salud psico-física... No niego que según las Escrituras la enfermedad representa una intrusión extraña al buen mundo de Dios, ni tampoco que con frecuencia sea atribuida a la actividad maléfica de Satanás, ni al hecho de que Dios sana tanto mediante medios naturales como algunas veces, en forma sobrenatural (porque toda curación es curación divina)... lo que sí niego es que dicha curación, o más bien, cualquier clase de curación —natural o sobrenatural— sea incluida en lo que quiere decir la Biblia por esa salvación que ahora se ofrece a la humanidad por Cristo y mediante el Evangelio.[6]

Pablo nunca habló de un evangelio de sanidad, pero sí de salvación. En Efesios 1:13 se lee: "En él también vosotros, habiendo oído la palabra de verdad, el evangelio de vuestra salvación, y habiendo creído en él, fuisteis sellados con el Espíritu Santo que había sido prometido". Como se infiere de Juan

---

[4]Rowland Bingham, *La Biblia y el cuerpo* (Buenos Aires: Junta Bautista de Publicaciones, 1956), p. 59.
[5]Caio Fabio, *Me duele* (Buenos Aires: Editorial Logos, 1993), p. 22.
[6]John Stott, *La misión cristiana hoy* (Buenos Aires: Certeza, 1977), pp. 112, 144.

20:30, 31 que dice: "Por cierto Jesús hizo muchas otras señales en presencia de sus discípulos, las cuales no están escritas en este libro. Pero éstas cosas han sido escritas para que creáis que Jesús es el Cristo, el Hijo de Dios, y para que creyendo tengáis vida en su nombre", las señales tuvieron por propósito acreditar el evangelio.

Como dice Gálatas 1:7, 8: "No es que haya otro evangelio, sino que hay algunos que os perturban y quieren pervertir el evangelio de Cristo. Pero aun si nosotros mismos o un ángel del cielo os anunciara un evangelio diferente del que os hemos anunciado, sea anatema". No es necesario adicionarle absolutamente nada. El evangelio no incluye la sanidad física y psíquica.

No creo que la Escritura enseñe claramente que la obra de Cristo en la cruz incluye la curación de las enfermedades. El pasaje que se menciona en Isaías 53:5 es citado una vez en el Nuevo Testamento en 1 Pedro 2:24: "Él mismo llevó nuestros pecados en su cuerpo sobre el madero a fin de que nosotros, habiendo muerto para los pecados, vivamos para la justicia. Por sus heridas habéis sido sanados". Aparece suficientemente claro que la 'sanidad' del salvador es de naturaleza principalmente espiritual y no física.[7]

Billy Graham, el más grande predicador evangelista del siglo XX, por más de cincuenta años predicó el evangelio completo en todo el mundo sin prometer sanidad física ni otros milagros. Lo mismo puede decirse del "príncipe de los predicadores" del siglo XIX, el pastor inglés Carlos Spurgeon.

Si Cristo expió también nuestras enfermedades, los enfermos que creen debieran sanar y los sanos no debieran contraer enfermedades irreversibles, y las sanidades debieran producirse sobrenaturalmente en todos los casos. Todo esto no ocurre, y es negado por la experiencia cristiana universal.

2. La salvación es una obra perfecta y completa

La salvación es un milagro de la gracia de Dios. Es una

[7]Billy Graham, *El Espíritu Santo* (El Paso: Casa Bautista de Publicaciones), p. 177.

obra sobrenatural y perfecta. Es un hecho espiritual e invisible que se hace realidad en Jesús. "Él es la expiación por nuestros pecados, y no solamente por los nuestros, sino también por los de todo el mundo" (1 Jn. 2:2). En Hebreos 2:10 Jesucristo es el autor de la salvación, y Hechos 4:12 dice: "Y en ningún otro hay salvación, porque no hay otro nombre debajo del cielo, dado a los hombres, en que podamos ser salvos". Varios hechos que tienen lugar son imperceptibles a la vista. Algunos son empíricos, otros posicionales. Los primeros tienen que ver con nuestra experiencia personal. Nos sentimos liberados de toda opresión diabólica, porque "Él nos ha librado de la autoridad de las tinieblas y nos ha trasladado al reino de su Hijo amado" (Col. 1:13). Ya el diablo no tiene autoridad ni dominio sobre nosotros. Tenemos libertad espiritual. Además, nos sentimos limpios interiormente de toda mala conciencia por causa de la regeneración, la que hacemos gráfica en el bautismo (1 Ped. 3:21). Experimentamos la paz del perdón y el gozo de la salvación suministrados por el Espíritu Santo (Hech. 15:12; Rom. 14:17; Gál. 5:22). Podemos hablar con Dios en oración porque estamos reconciliados con él (Rom. 5:11; Jud. 20). Y se produce en nosotros un crecimiento espiritual que es la santificación impartida por el Espíritu Santo (1 Cor. 6:11).

Paralelamente ocurren algunos hechos de tipo legal. Dios nos declara justos por la fe (Rom. 5:1). Ha hecho efectiva la redención (Col. 1:14), ha decretado el perdón de nuestros pecados (Ef. 1:7), y nos ha dado como arras de nuestra herencia celestial al Espíritu Santo (Ef. 1:14). Somos santos y miembros de la familia de Dios (Ef. 2:19). El Señor "nos resucitó y nos hizo sentar en los lugares celestiales" (Ef. 2:6). Todas estas cosas mencionadas, y muchas más, ocurren cuando nos convertimos.

El que ha creído en Jesús ha pasado de muerte a vida y es salvo definitivamente. La salvación no es condicional porque no es por obras sino por gracia, además de ser eterna (Juan

5:24; Rom. 8:1; Ef. 2:8, 9). Pero la redención del cuerpo recién tendrá lugar en la resurrección de los muertos, el día final (Rom. 8:11, 23; Ef. 4:30; Fil. 3:21).

Nadie duda de que el Señor puede sanar cualquier enfermedad. No existe enfermedad incurable para Dios, sea SIDA, cáncer, psicosis, neurosis, ceguera congénita, lesiones cerebrales irreversibles producidas por abuso de drogas y todo conflicto emocional o desorden psicológico; **pero habitualmente no lo hace.** Si lo hiciera no habría enfermos ni psíquicos ni físicos en las iglesias. Y aunque el Espíritu Santo entra a morar en el cuerpo de los convertidos desde el momento de la conversión (1 Cor. 6:19), hay cristianos con cuerpos deformes, mutilados y enfermos. Hay ciegos, cojos, sordos, diabéticos y reumáticos. También hay psicópatas, psicóticos y neuróticos. Todos ellos son salvos. Sí, el Espíritu Santo está en ellos, pero Dios no los sanó. Él es soberano. En Betesda "yacía una multitud de enfermos, ciegos, cojos y paralíticos" (Juan 5:3), sin embargo el Señor quiso, en su soberana voluntad, sanar a uno solo (Juan 5:5, 7).

3. El don de sanidad y la fe

¿Conoce usted a personas que tienen el don de sanidad? ¿qué es el don de sanidad? Billy Graham dice: "El don de sanidad significa que la persona así agraciada puede hacer exactamente lo que hizo Jesús; por el poder del Espíritu Santo, puede curar al enfermo en forma inmediata y permanente: un brazo fracturado se cura instantáneamente, un tumor canceroso desaparece, un proceso de neumonía se detiene y los pulmones vuelven a la normalidad".[8] Jesús sanó al endemoniado gadareno sin que él ejerciera fe; sanó al paralítico del estanque de Betesda sin que éste supiera quién lo había hecho (Juan 5:1-18); sanó a Malco, siervo del pontífice, que era uno de los que fueron a prenderle al huerto de Getsemaní (Luc. 22:51); sanó al ciego de nacimiento, que creyó después de haber recibido el beneficio (Juan 9). Todos estos textos

[8]Ibíd., p. 177.

muestran que no siempre la fe era requisito para que Dios obrara el milagro de la sanidad.

¿Ha visto usted en su iglesia a alguien ejercer este don?, ¿sanar a un ciego de nacimiento?, ¿a un parapléjico?, ¿a un enano?, ¿a alguien con el síndrome de Down?, ¿a un fracturado en un accidente?, ¿a un enfermo de cáncer terminal?

Se supone que si este don está vigente hoy como en el tiempo apostólico, este tipo de sanidades sería lo más común y frecuente en todas las iglesias, o por lo menos en algunas en cada ciudad. Las sanidades serían evidentes como las de Jesús y habría noticias todos los días en todos los periódicos de todas las ciudades de casos de sanidad milagrosa por el ejercicio de un don del Espíritu Santo.

Yo no puedo afirmar que no existe hoy absolutamente dicho don, pero tampoco puedo afirmar que existe. Francamente no lo he visto funcionar en más de cincuenta años que llevo de convertido y más de cuarenta de ministerio pastoral en varias iglesias en Argentina y Uruguay. Muchísimos colegas con los que he hablado del tema tampoco han sido testigos del ejercicio de ese don. He oído, incluso a famosos sanadores por fe, decir que ellos no sanan, que es Dios el que lo hace. Ellos solamente oran pidiendo sanidad. De esta manera declaran tácitamente que no tienen el don de sanidad, porque el que lo tiene no ora por sanidad, sino que sana. Jesús nunca oró por un enfermo, él lo sanó. Pedro no oró por el paralítico que mendigaba en la puerta La Hermosa, lo sanó. Ordenó, en el nombre de Jesucristo, al enfermo que sanara. "¡Levántate y anda!", le dijo (Hech. 3). Insisto, por favor no se me malinterprete, no niego la existencia del don en el día de hoy, sencilla y humildemente confieso que no me consta, no lo he visto ejercer nunca.

Además, tampoco aparece este don en el último tramo del Nuevo Testamento. Se menciona en 1 Corintios que es una de las primeras cartas de Pablo escrita aproximadamente en el año 57 d. de J.C., y en ninguna otra. Por el contrario,

¿no llama la atención que el siervo de Dios fiel y consagrado, como era Timoteo, sufriera de frecuentes enfermedades y que en las iglesias en las cuales él ministraba no hubiera ningún hermano con el don de sanidad? (1 Tim. 5:23). ¿No es también llamativo que el apóstol Pablo dejara a Trófimo, un creyente de Éfeso, enfermo en la ciudad de Mileto? ¿No tenía Pablo el don de sanidad? (2 Tim. 4:20). ¿No es también significativo que Epafrodito, este gran compañero y colaborador del apóstol Pablo, enfermó en Roma muy gravemente al punto de morir y ni Pablo ni ningún otro hermano poseía el don de sanidad? (Fil. 2:25-30). El tiempo que duró la enfermedad que entristeció tanto a sus hermanos de Filipos como al mismo apóstol, no lo sabemos, pero fue suficientemente largo como para enviar y recibir noticias entre Filipos y Roma. La curación se produjo a través de un proceso natural para que el apóstol Pablo no tuviera "tristeza sobre tristeza".

En caso de que todavía en aquella época estuviera vigente el don de sanidad, el hecho que estos hermanos mencionados no fueran sanados probaría que no es verdad el dicho: "no es la voluntad de Dios que un cristiano esté enfermo".

Honestamente, creo que el silencio sobre el don de sanidad en estos casos es más que elocuente.

V. LA SANIDAD Y EL DIABLO

1. El origen de la enfermedad

En un sentido genérico, la enfermedad es una secuela del pecado. Si el hombre no hubiera pecado tampoco habría muerte, ya que ésta es la paga del pecado (Rom. 6:23). La enfermedad es una de las causas de la muerte, forma parte de la experiencia humana universal. Y siendo que al pecado lo introdujo el diablo, provocándolo en el hombre por medio de la tentación, se podría remontar el origen de la enfermedad al diablo. Pero esto no significa que el diablo y/o el pecado en forma directa produzcan la enfermedad.

2. No toda enfermedad es del diablo

En 2 Crónicas 26:16-20 se relata que el rey Uzías cometió profanación en el templo y se airó contra los sacerdotes y le brotó la lepra en la frente. El v. 20 dice que Jehovah lo había herido y fue leproso hasta la muerte.

En Deuteronomio 28 hay una serie de maldiciones de parte de Jehovah. El v. 22 dice: "Jehovah te herirá con tisis, con fiebre, con inflamación y con calor sofocante..."; según los vv. 27 y 28 "Jehovah te afligirá con sarpullido de Egipto, con tumores, con sarna y con comezón de los que no puedas ser sanado. Jehovah te afligirá con locura, ceguera y con confusión de la mente". En los pasajes citados se ve que Dios mismo puede causar enfermedades tanto físicas como psíquicas en castigo por determinados pecados. Hay también enfermedades que no responden a ningún castigo por pecados particulares. Frente a un ciego de nacimiento los discípulos de Jesús le preguntaron: "'Rabí, ¿quién pecó, éste o sus padres, para que naciera ciego?' Respondió Jesús: 'No es que éste pecó, ni tampoco sus padres. Al contrario, fue para que las obras de Dios se manifestaran en él'" (Juan 9:2, 3). En Éxodo 4:11 Jehovah declara que él hizo al sordo y al mudo, al que ve y al ciego.

Creer que cada enfermedad es causada por un espíritu demoníaco no tiene asidero bíblico. El muchacho aparentemente epiléptico mencionado en Mateo 17:14-20 sanó cuando Jesús expulsó a un demonio. En Mateo 12:22 un hombre endemoniado, ciego y mudo al ser sanado recobró la vista y el habla. Pero no siempre se asocia la enfermedad con la posesión demoníaca. En Mateo 4:24 se hace diferencia entre "endemoniados" y otros enfermos, y en 15:30, 31 se hace mención a varias enfermedades sin relación con la obra demoníaca.

A veces en la Biblia aparece la expresión "espíritu de", no para designar personalidades espirituales, sino "tendencias, sentimientos, o maneras de pensar". Por ejemplo: "espíritu de celos" (Núm. 5:14, ver nota RVA); "espíritu de letargo" (Isa. 29:10); "espíritu de prostitución" (Ose. 5:4). Actualmente hablamos figuradamente de "espíritu de oración", "espíritu de servicio", "espíritu de maldad", o "espíritu de alabanza". No nos referimos a entes espirituales sino a disposiciones de la voluntad humana.

Capítulo 5
Proceso de sanidad

I. LA SANIDAD, ¿ES LA VOLUNTAD DE DIOS PARA USTED?

Kenneth Hagin, en un artículo sobre sanidad[1], afirma que: "La sanidad es la voluntad de Dios para usted". Esto no puede probarse ni con la Biblia, ni con la historia del cristianismo, ni con la experiencia cristiana contemporánea. Dicho autor cree haber recibido un mandato de Dios en revelación personal de "ministrar sanidad" asegurando que la Biblia enseña que siempre es la voluntad de Dios sanar a los enfermos. Él se hace la pregunta: ¿Puede un padre querer que su hijo esté enfermo? La respuesta obvia es no. Pues entonces, deduce, tampoco el Padre celestial puede querer que uno de sus hijos esté enfermo. Pero ese razonamiento está equivocado porque un padre terrenal tampoco quiere que su hijo muera, sin embargo Dios ha establecido la muerte también para sus hijos (Heb. 9:27).

El error de Hagin es partir de dos premisas falsas: La primera es que lo que pasó con él, o con algún otro, tiene que ser la regla para todos. La segunda es que él cree que una posible interpretación de un solo versículo o un pasaje es suficiente, pasando por alto la enseñanza de otros pasajes sobre el mismo asunto.

Es muy común en algunos creyentes basarse en su experiencia personal. Razonan lógicamente de la siguiente manera: "Si Dios me sanó a mí en respuesta a la oración con fe, él pue-

[1]Kenneth Hagin, *La sanidad es la voluntad de Dios para usted,* "Corriente del Espíritu", Año 2, N° 19, marzo, 1998, p. 3.

de y quiere sanar a todos los que como yo oran con fe". Esta inferencia inductiva los lleva a adjudicar falta de fe a los que no se sanan. No hay que olvidar tampoco que un versículo aislado no puede anular a otros. Es cierto que en Marcos 9:23 dice: "¡Al que cree todo le es posible!", pero también es cierto que en 1 Juan 5:14 dice: "Y esta es la confianza que tenemos delante de él: que si pedimos algo **conforme a su voluntad,** él nos oye". (Texto resaltado por el autor.)

Si decimos a alguien que es la voluntad de Dios que sea salvo, estamos expresando una verdad bíblica ya que 1 Timoteo 2:4 dice: "quien quiere que todos los hombres sean salvos y que lleguen al conocimiento de la verdad". Lo mismo si le decimos a un creyente que es la voluntad de Dios que sea santificado, pues en 1 Tesalonicenses 4:3 leemos: "Porque ésta es la voluntad de Dios, vuestra santificación". Sin embargo no hay un versículo bíblico en el que se pueda uno basar para decirle a un enfermo: "La sanidad es la voluntad de Dios para usted".

1. La oración de fe

Jesús dijo: "Por esta razón os digo que todo por lo cual oráis y pedís, creed que lo habéis recibido, y os será hecho" (Mar. 11:24). El mencionado autor Hagin deduce de este versículo que dentro de "todo" debe estar la sanidad. También cita: "Jesús le dijo: '¿Si puedes ...? ¡Al que cree todo le es posible!'" (Mar. 9:23); y arguye que si el "todo" no incluye la sanidad, Jesús tendría que haber dicho: "Todo es posible... excepto una cosa". De lo contrario sería un engaño. Con este criterio, habría que pedir la resurrección de un ser querido porque estaría incluido en el "todo" y en el "todo le es posible".

De hecho, Marcos 11:24 se aplica a todos los creyentes. Todos deben orar pidiendo todo lo que necesitan, pero no todos van a recibir lo que solicitan porque Dios sigue siendo soberano y él hace su voluntad, y a veces su voluntad no es lo que nosotros creemos que necesitamos. Muchos cristianos han orado con fe pidiendo una casa propia donde vivir y nunca la han conseguido, teniendo que alquilar o depender de algún familiar o amigo que les permita vivir con ellos en su vivienda. Otros han orado con fe esperando recibir de Dios un trabajo efectivo, o un ascenso en el trabajo que tienen, y no lo han obtenido. Otros oraron por la conversión de un hijo, o hermano, o vecino, y se murieron sin respuesta positiva, aunque sabemos, en este último caso, que es la voluntad de Dios que todos se salven (1 Tim. 2:4, 2 Ped. 3:9).

El hecho real de que muchos que creyeron fueron sanados y que muchos recibieron —porque oraron con fe— un automóvil, o una casa, o un trabajo efectivo, o la conversión del cónyuge o de otro familiar, no significa que es la voluntad de Dios que todos los que oran con fe reciban todo lo que pidan. Yo pregunto: ¿quiénes tuvieron más fe, los que "conquistaron reinos, hicieron justicia, alcanzaron promesas, taparon bocas de leones, sofocaron la violencia del fuego, escaparon del filo de la espada, sacaron fuerzas de la debilidad, se hicieron poderosos en batalla y pusieron en fuga los ejércitos de los extranjeros..., recibieron por resurrección a sus muertos"?, o ¿los que "fueron torturados, sin aceptar ser rescatados, recibieron pruebas de burlas y de azotes, además de cadenas y cárcel. Fueron apedreados, aserrados, puestos a prueba, muertos a espada. Anduvieron de un lado para otro cubiertos de pieles de ovejas y de cabras; pobres, angustiados, maltratados... errantes por los desiertos, por las montañas, por las cuevas y por las cavernas de la tierra"? (Heb. 11:33-38). Aparentemente tuvieron más fe los que fueron favorecidos por Dios con bendiciones especiales. Sin embargo, no es así pues en Hebreos 11:39 leemos: "Y todos éstos, aunque recibieron buen testimonio por la fe, no recibieron el cumplimiento de la promesa". La versión Dios Habla Hoy traduce: "Sin embargo, ninguno de ellos recibió lo que Dios había prometido, aunque fueron aprobados por la fe que tenían". Lo prometido no fue para ellos. ¿Acaso pensamos que no oraron con fe en medio de tantas aflicciones? ¿O serían masoquistas que se gozaban con tanto sufrimiento?

En Mateo 7:11 Jesús dijo: "Pues si vosotros, siendo malos, sabéis dar cosas buenas a vuestros hijos, ¿cuánto más vuestro Padre que está en los cielos dará cosas buenas a los que le piden?". A veces sabemos lo que es bueno para nosotros y a veces no. Por esto, en Romanos 8:26 Pablo dice: "Y así mismo, también el Espíritu nos ayuda en nuestras debilidades; porque cómo debiéramos orar, no lo sabemos, pero el Espíritu mismo intercede con gemidos indecibles". Jacobo y Juan creían que era "cosa buena" pedirle a Jesús un lugar de preeminencia en el reino de los cielos. Querían sentarse a la derecha y a la izquierda del trono de su gloria. Pero estaban equivocados en su pedido. Los puestos en el reino no son para figuración o para ostentar o detentar el poder, sino una oportunidad de servicio sacrificial. Pidieron de acuerdo con su conveniencia personal pero no como conviene a los intereses del reino, que siempre deben estar por encima de los nuestros (Mar. 10:35-45). La sanidad es en general una cosa buena para todos pero Jesús no prometió dar todas las cosas buenas a todos.

Basándose en Mateo 15:22-28, Hagin argumenta que la sanidad que pedía la cananea para su hija era "el pan" de los hijos, según el v. 26, y si era el pan de los hijos, debe ser la voluntad de Dios sanar a sus hijos, llegando así a una conclusión falsa. Aunque sea "el pan" de los hijos, ya hemos visto que no es la voluntad de Dios darlo a todos. Los hijos eran los judíos y no todos recibieron este "pan". Muchos lo recibieron, pero no todos por orar con fe o por ser fervientes creyentes. En cuanto a la oración debemos tener presente que Dios siempre responde. A veces su respuesta es sí, a veces es no, y otras veces es sí, pero no ahora. Podemos estar seguros de que no estamos orando al aire. Dios nuestro Padre nos oye y nos responde conforme a su santa voluntad, agradable y perfecta (Rom. 12:2).

En la Biblia hay al menos tres oraciones dirigidas al Padre celestial a las cuales Dios contestó negativamente. **Una**: Elías le pidió que le quitara la vida. Este gigante espiritual que estaba atravesando por una gran depresión no sabía pedir lo bueno. Creyó que morir era lo mejor, sin embargo todavía tenía una misión importante que cumplir, y Dios no le concedió su pedido (1 Rey. 19:4). **Dos**: Una oración de Jesús quien oró tres veces en el Getsemaní para que Dios lo eximiera de "la copa" si esa era su voluntad; pero su pedido no fue concedido porque justamente su venida a este mundo tenía el propósito de redimir a la humanidad, y la redención solamente podía efectuarse si bebía la copa del sacrificio en la cruz (Mat. 27:36-41). **Tres**: Pablo rogó a Dios tres veces para que le quitara su aguijón en la carne, y también la respuesta fue negativa porque seguramente Dios tenía un propósito en mantener a Pablo en esa condición (2 Cor. 12:8, 9). Hay cosas a las que no tenemos acceso, sólo Dios las sabe. Pero aun las cosas adversas pueden ayudar para bien de los que lo aman (Rom. 8:28).

2. La fe y los milagros

La fe tiene poder curativo de por sí, aparte del objeto de la misma. Puede estar puesta en Dios, en la virgen María, en algún santo o en alguna persona como, por ejemplo, un curandero. En todos los casos se han producido milagros por la fe. Acerca de por qué se producen estos milagros hay varias interpretaciones. Una de ellas atribuye al diablo todo milagro que ocurra fuera del ámbito cristiano evangélico tradicional. Los que la sustentan argumentan que el diablo realiza los milagros de sanidad atribuidos a vírgenes y a santos, con el propósito de mantener a estos en el engaño de la idolatría, para que sigan rindiendo culto a las criaturas y considerándolas mediadoras ya sea entre Dios y los hombres o entre Jesús y el Padre. Dicen que Dios no haría un milagro para fomentar el error. Otra interepretación sostiene que es la fe por sí misma la que tiene poder, independientemente del objeto de la misma. La fe mueve montañas porque la persona que la ejerce se sugestiona y a veces consigue lo que ha solicitado en oración y ruego. Una tercera interpretación dice que todo milagro viene de Dios. Es decir, Dios es tan misericordioso que a pesar de la ignorancia de la gente y de su equivocación, le concede a veces lo que pide con sinceridad.

Creo que atribuir al demonio todo milagro que tiene lugar en contextos no evangélicos o en religiones no cristianas es una respuesta simplista. Es más fácil "resolver" el problema con esa afirmación apriorística que investigar para arribar a la verdad. ¿Qué seguridad tenemos de que el diablo hace milagros? ¿Hay acaso algún ejemplo bíblico de algún milagro realizado por el diablo? ¿Sanaría el diablo a un enfermo? Algunos dicen que el diablo puede hacer un bien para lograr un mal mayor. ¿Seguro? ¿Hay algún ejemplo o enseñanza en la Biblia en ese sentido?

Cuando Moisés en virtud del poder de Dios realizó varios milagros, los magos de Egipto también hicieron lo suyo. ¿Pero acaso eran éstos verdaderos milagros? Muchos predicadores y sanadores hoy día hacen milagros, pero ¿acaso son verdaderos? Jesús advirtió que muchos en su nombre harían milagros mentirosos y aun echarían demonios (Mat. 7:21-23). ¿Cómo Satanás va a echar fuera a Satanás? Jesús dijo: "Si Satanás está dividido contra sí mismo, ¿cómo permanecerá en pie su reino?" (Luc. 11:18).

Murphy sostiene que los demonios están divididos.[2] Si esto es así, parece no ser tan grave para el reino de las tinieblas. Al fin y al cabo los cristianos también estamos divididos y no nos creemos por ello derrotados. Ahora, si tuviéramos que guerrear contra budistas o mahometanos, haríamos un frente común entre nosotros para exhibir nuestra unidad esencial y nos uniríamos en la estrategia para no destruir unos lo que edificaran otros.

La sabiduría del diablo es superior a la de los humanos, y

---

[2]Ed Murphy, *Manual de guerra espiritual* (Nashville: Editorial Caribe, 1994), p. 410.

si él y su reino, como afirman los promotores de la llamada "guerra espiritual", están en guerra contra los cristianos, debieran ser más disimulados. Si entre ellos hay discordia, sabrán arreglar sus diferencias internas en su ámbito íntimo, porque ¡qué papelón hacen ante los humanos cuando unos (un grupo o colonia) entran a morar en una persona para destruirla y otros los desalojan! Están dejando la imagen de una casa dividida y por lo tanto vulnerable y decadente.

Sin embargo, no parece ser eso lo que Jesús enseñó. Según el Señor "todo reino dividido contra sí mismo está arruinado; y cae casa sobre casa" (Luc. 11:17).

Con esto Jesús refutó a los que pensaban que en el nombre del diablo se puede echar fuera los demonios. La pregunta de Jesús es retórica: "Y si Satanás está dividido contra sí mismo, ¿cómo permanecerá en pie su reino?". Esta pregunta requiere una respuesta negativa. Satanás no está dividido ni su reino tampoco. En Marcos 3:26 está bien claro: "Y si Satanás se levanta contra sí mismo y está dividido, no puede permanecer, sino que su fin ha llegado".

No debemos subestimar el poder del diablo, pero tampoco debemos vivir obsesionados con él y sus huestes en una permanente actitud paranoica, porque Cristo es superior al diablo (1 Jn. 4:4) y además el diablo ya está vencido (Col. 2:15).

Dios conoce el corazón de la gente. Hay muchos que claman a la virgen y a los santos en su ignorancia de las Escrituras, pero aman a Dios, tienen fe en él, aman a Jesucristo, son sinceros, piensan y obran de acuerdo con la formación religiosa que han tenido. Si reciben algún beneficio, si obtienen alguna respuesta a sus plegarias, puede ser que provenga de Dios y no del diablo. "Toda buena dádiva y todo don perfecto proviene de lo alto y desciende del Padre de las luces" (Stg. 1:17).

A veces las sanidades no son milagros. Hay predicadores evangelistas sanadores y también curas sanadores. No se trata de que en el primer caso es Dios el que sana y en el segundo el diablo. Se trata de casos de histeria en que no hay intervención sobrenatural sino sólo el poder impresionante del psiquismo.

El padre Quevedo reproduce el siguiente caso que es muy aleccionador:

> Numerosos autores dan detalles del dominio que ejercía sobre los enfermos el P. Juan José Gessner. En una ocasión llevaron ante él a una joven, que sufría fuertes dolores y convulsiones. Estaba presente el médico de la corte. El P. Gessner, extendiendo el brazo con el crucifijo, tocó a la paciente, y le ordenó quedar quieta. Inmediatamente ella cayó en un sueño profundo. El padre le ordenó en latín: "Mueva el brazo izquierdo". La paciente movió el brazo indicado, primero lentamente, después, con mayor rapidez. "*Cesset*" (pare), mandó el sacerdote. Y el brazo quedó inmóvil. Gessner levantó el crucifijo y la joven, que creía estar endemoniada, empezó a hacer gestos horribles y dar saltos salvajes por toda la habitación. "*Cesset*", ordenó de nuevo el sacerdote, y la "endemoniada" quedó completamente inmóvil. Ordenó que el pulso de la paciente se hiciese más lento; y así se hizo. Después mandó que se acelerase, y el médico pudo contar 120 pulsaciones por minuto. El P. Gessner mandó después a la enferma que se acostase en el suelo y que muriese lentamente, porque poco después la llamaría de nuevo a la vida. La joven quedó inerte y su pulso se fue haciendo cada vez más lento y más débil. Palidez mortal; parecía muerta. El médico, después de observar el sudor frío de la muerte, comprobó que el pulso ya no latía. "Está muerta" diagnosticó. Entonces el Padre gritó también en latín: "En nombre de Jesucristo, el Señor, te obligo a volver a la vida". Inmediatamente empezó a latir el pulso, volvió el color al rostro, la joven se levantó del suelo con expresión de gran alegría, y declaró que habían desaparecido sus dolores.[3]

Este es un ejemplo del poder del psiquismo. No hubo endemoniada ni milagro de expulsión o liberación. Ni poder del crucifijo, ni del sacerdote. Sólo poder de la sugestión. Ni de Dios ni del diablo. Son fuerzas naturales.

Se suele razonar que si una persona tiene fe en Dios debe

---

[3]Oscar Gonzales Quevedo, *Los curanderos* (Santander: Editorial Sal Terrae, 1977), p. 66.

sanar de toda enfermedad emocional. Sin embargo hay casos puntuales en que se necesita la asistencia de un profesional. Ni la conversión, ni la oración, ni la gracia santificadora, ni la plenitud del Espíritu Santo, resuelven estos problemas. De hecho hay miles de cristianos en nuestras iglesias que padecen conflictos emocionales. Incluso algunos pastores que insisten en la cura emocional sólo con la fe y la oración, han sido víctimas de colapsos emocionales, debiendo recurrir a tratamiento psicológico o psiquiátrico.

II. SANIDAD DE LOS RECUERDOS

1. La honestidad ante todo

Los practicantes de la "sanidad interior", los que "ministran", emplean la técnica psicológica de regresión para ubicar al "paciente" en el momento histórico en que se produjo el hecho traumático. El "paciente" recrea, por medio de la imaginación y la visualización, el hecho doloroso, y entonces le pide en oración a Jesús que tome sobre sí la ofensa o la herida infligida. Si la persona es adulta y tiene que regresar a la niñez, hablará y llorará como un niño ante la escena imaginaria. A propósito de esta terapia, dice Fernando Saraví:

> Se trata de una técnica de 'regresión' o retorno imaginario a hechos pasados, inducida mediante autosugestión o hipnosis. Se requiere la presencia de un 'guía' imaginario que ayude a encontrar y 'sanar' todo recuerdo traumático... Huelga decir que la práctica carece por completo de apoyo bíblico explícito o implícito. Se le aplican todas las reservas que corresponden a los intentos de reemplazar la fe bíblica por la imaginación o la sugestión.[4]

Ejemplos de dichas prácticas se pueden leer en el libro "Sanidad del alma herida: camino a la sanidad interior" de Arline de Westmeier.

No se trata de que si dicho método es incompatible con los

[4]Fernando Saraví, *El control mental cristiano* (Buenos Aires: Certeza, 1994), pp. 121, 122.

principios bíblicos, sino de que no es un método bíblico. Puede no ser incompatible y además ser muy bueno y efectivo para lograr el fin que persigue, pero **no pertenece al área de acción propia de la iglesia.** Por lo tanto no es honesto practicarlo en ella sin aclarar que es ajeno a la misma. Voy a poner un ejemplo: Supongamos que en un consultorio psicológico se practique la oración en favor de un enfermo. No está mal orar, pero es ajeno al tratamiento psicológico propiamente dicho. El problema no radica en aplicar esta técnica, sino en no ser franco con el "paciente" y no decirle que lo que se va a hacer no es algo que tiene que ver con la Biblia; además en hacerle creer que dicha ceremonia es parte del ministerio de la iglesia que está fundamentado en la Biblia.

Los que se someten a esta práctica están convencidos de que se trata de algo que está establecido en la Biblia, que Dios lo manda y lo aprueba, y por lo tanto lo requiere. Insisten en que debe funcionar en cada iglesia. En efecto, Frank Hammond dice: "En resumen, la liberación se debe restaurar en la iglesia. Es ministerio de la iglesia tanto como la enseñanza, la predicación y la sanidad. Jesús llevó a cabo estos ministerios y comisionó a la iglesia para continuarlos", y más adelante, después de citar Marcos 16:17, afirma que hay que notar las formas en plural: "los que creen" y "echarán". "Esto sugiere que es un ministerio de la iglesia y no de los individuos. Hoy el Espíritu Santo está produciendo un espíritu de liberación en la iglesia porque se ha descuidado por mucho tiempo y la iglesia debe tenerlo a fin de estar preparada para la segunda venida del Señor Jesús".[5]

2. El pasado es irreversible

El recuerdo, si es algo triste y bochornoso, nos trae dolor. Pero es imposible volver atrás en el tiempo. Si podemos visualizar todo lo dramático del hecho ocurrido, y si somos cristianos será para pedir a Dios que quite de nosotros, si hay, todo resentimiento y nos ayude a perdonar toda ofensa, y a dar-

[5]Frank e Ida Hammond, *Cerdos en la sala, guía práctica para liberación* (Miami: Editorial Unilit), pp. 29, 71.

le gracias porque nos ha hecho hijos suyos y nos ha dado una vida nueva de modo que nunca haríamos a nadie el mal que nos hicieron.

Decir que Jesús llevó esa herida particular, ofensa o injusticia, sobre la cruz, no tiene ningún asidero. La Biblia no enseña tal cosa. La herida, la ofensa o la injusticia ya la llevó la persona que la experimentó. Ya fue sufrida. Ahora, esa herida, ofensa o injusticia fue un pecado de quien lo perpetró. La Biblia declara que Cristo llevó los pecados de todos. Llevó la maldad de los hombres. Murió también en favor de aquellos que perpetraron ese mal particular.

3. Dios cura y consuela por medio de la oración

Lo correcto, en vez de decirle al "paciente": Cristo llevó el dolor que te produjo la violación, o el castigo injusto, o el desprecio, o el abandono, es decirle que eso ya pasó y no hay manera de cambiarlo, pero Dios nos da el valor y el consuelo para llevar ese recuerdo sin que nos haga mal, y también nos capacita para ejercer el perdón.

El recurso de la oración es siempre válido y eficaz, **pero debemos orar en el presente, no en el pasado.** Demos un ejemplo: Un creyente de cincuenta años de edad, que cuando tenía diez años fue despiadadamente atormentado por su padre que ahora está muerto, regresa imaginariamente en el tiempo y habla con el padre como si estuviera vivo, y a la vez habla con Jesús como si Jesús estuviera allí presente en el lugar donde se consumó la crueldad, y se expresa así: "Jesús, todos estos azotes recibidos y todo este miedo que me embarga, no lo puedo soportar más, tómalo y llévalo tú. También pongo sobre ti todo el odio que siento por mi padre". Y luego dirigiéndose a su padre le dice: "Papá, te perdono con el perdón que Jesús me da a mí y te amo con el amor con que él me ama".

Tal cosa es totalmente extraña a la fe cristiana y no tiene nada que ver con la oración según se enseña en la Biblia.

Además, traer a la memoria un muerto y hablar con él, es condenado en la Biblia.

Imaginarse a Jesús con una bolsa abierta en la mano, e imaginarse que las heridas son paquetes, como lo enseña Arline de Westmeier,[6] y que uno puede regresar a la niñez y tomar en las manos imaginariamente esos paquetes de miedo, de odio, de dolor, de fracaso, de humillación, de vergüenza, etc., e ir echándolos en la bolsa y visualizar a Jesús cargándolos sobre sus hombros y que luego va a la cruz con ellos, puede ser algo interesante, llamativo y atractivo, incluso efectivo, pero eso no es oración. Golpear el aire, gritar y maldecir imaginándose estar transfiriendo a Jesús lo que a uno le hicieron, no es la oración bíblica. Tales prácticas no tienen justificativo frente a las enseñanzas de Jesús.

La sanidad de los recuerdos es una técnica psicoterapéutica de regresión inducida por autosugestión. Las imágenes mentales de Jesús que elabora el que ora son innecesarias para el verdadero cristiano que adora "en espíritu y en verdad". Además, es todo fantasía porque nadie puede manipular al Jesús real con la imaginación o la visualización para que él aparezca realmente así como lo imaginamos o visualizamos. La fe del cristiano es una fe puesta en un Cristo histórico y real, y no en un Cristo imaginario. Él no nos dejó descripción de su apariencia física y seguramente no le agrada que se creen imágenes de su persona porque el mandamiento "no te harás imagen" es pertinente también en este caso.

4. El perdón según la Biblia

Perdonar es cancelar la pena que pesa sobre alguien que ha cometido una falta. El reo sigue siendo culpable. La culpa es irreversible, pero como la culpa conlleva castigo y éste ha sido removido, aquella ha quedado sin efecto. Es como si el pecador no hubiera pecado nunca.

Cuando Dios perdona, quita la pena y la culpa. Quitar la

---

[6] Arline Westmeier, *Sanidad del alma herida* (Miami: Editorial Unilit, 1991), p. 67.

pena significa que el infractor no va a sufrir el castigo merecido, y quitar la culpa es considerarla como si la misma nunca hubiera existido.

Para ilustrar el perdón de la culpa, la Biblia usa varias figuras: echar los pecados al fondo de la mar; alejar los pecados a la distancia que está el oriente del occidente; no acordarse más (Sal. 103:12; Isa. 43:25; Miq. 7:18, 19).

Como es sabido, los pecados no son objetos que puedan arrojarse al mar ni que puedan ser tomados y llevados a distancia de varios miles de kilómetros. Tampoco se pueden borrar literalmente, porque no son manchas materiales ni visibles. Borrar significa perdonar. Lo mismo sucede con los términos “no acordarse” y “olvidar”. Nosotros los seres humanos podemos olvidar, pero Dios no, porque él es perfecto. El olvido es parte de nuestra imperfección y de nuestras limitaciones. La memoria de Dios es perfecta. Lo que Dios quiere decir con esas expresiones antropomórficas es que no tomará en consideración nuestros pecados y hará de cuenta que no existen. Nunca más nos los va a enrrostrar ni nos va a juzgar por ellos.

(1) Dios nos perdonó. El perdón divino es una necesidad humana. Todos somos pecadores: “Por esta razón, así como el pecado entró en el mundo por medio de un solo hombre y la muerte por medio del pecado, así también la muerte pasó a todos los hombres, por cuanto todos pecaron” (Rom. 5:12). Dios ha prometido perdonar a los que se arrepienten de sus pecados y lo buscan a él de corazón. El profeta Isaías dice: “Deje el impío su camino, y el hombre inicuo sus pensamientos. Vuélvase a Jehovah, quien tendrá de él misericordia; y a nuestro Dios, quien será amplio en perdonar” (Isa. 55:7).

Este perdón se otorga sobre la base de la obra de Cristo: “Él mismo llevó nuestros pecados en su cuerpo sobre el madero a fin de que nosotros, habiendo muerto para los pecados, vivamos para la justicia. Por sus heridas habéis sido sanados” (1 Ped. 2:24). El mismo Jesús lo anticipó cuando instituyó la Cena conmemorativa: "Porque esto es mi sangre del pacto, la cual es derramada para el perdón de pecados para muchos" (Mat. 26:28).

Dios nos perdona cuando hay arrepentimiento y fe. El arrepentimiento implica reconocimiento del pecado y la consecuente confesión a Dios: "El que encubre sus pecados no prosperará, pero el que los confiesa y los abandona alcanzará misericordia" (Prov. 28:13). El apóstol Pedro dijo refiriéndose a Jesús: "Todos los profetas dan testimonio de él, y de que todo aquel que cree en él recibirá perdón de pecados por su nombre" (Hech. 10:43). El perdón de Dios trae paz y gozo inefables: "Bienaventurado aquel cuya transgresión ha sido perdonada, y ha sido cubierto su pecado" (Sal. 32:1).

Dios es veraz. Nunca miente. Por eso podemos tener la absoluta seguridad de que su perdón es real y para siempre. Pablo dijo: "En él tenemos redención por medio de su sangre, el perdón de nuestras transgresiones, según las riquezas de su gracia" (Ef. 1:7).

(2) Debemos perdonarnos a nosotros mismos. Hay cristianos que no abrigan absolutamente ninguna duda de que Dios los haya perdonado. Creen en el testimonio de las Escrituras al respecto. Sin embargo, no se perdonan a sí mismos.

El apóstol Pablo en su juventud había perseguido a los cristianos. Se convirtió en el camino a la ciudad de Damasco, Siria, en misión persecutoria bajo los auspicios del tribunal judío (Hech. 9:1-9). Cuando en dos oportunidades cuenta su testimonio, menciona que prendía y entregaba en las cárceles a hombres y mujeres, los castigaba y los obligaba a blasfemar. Consentía en que fueran muertos. Cuando Esteban fue apedreado, Pablo custodiaba las ropas de los verdugos, y aprobó que se lo ejecutara por lapidación. Era un enemigo acérrimo de la iglesia cristiana y un temido y furioso perseguidor de los cristianos. La conversión hizo de él un hombre nuevo y un apasionado defensor de la fe que antes perseguía (Hech. 22:4,

5; 26:10, 11). Por causa de su nueva fe fue después perseguido por los mismos que antes lo autorizaban a perseguir. Pasó de ser perseguidor a ser perseguido. Él nunca olvidó su pasado. Reconocía que era el más pequeño de los apóstoles, y que no era digno de ser llamado apóstol porque había perseguido a la iglesia de Dios (1 Cor. 15:8).

¿Qué hubiera pasado si el Apóstol no se hubiera perdonado?, ¿acaso habría llegado a ser el hombre tan útil que fue para la causa del reino de Dios? Él declaró: "Por la gracia de Dios soy lo que soy" (1 Cor. 15:10). Se perdonó a sí mismo, y si traía a la memoria su pasado, era para agradecer a Dios por la maravilla del cambio que Dios había efectuado en él, y alabar su gracia y amor. Él nunca permitió que sus pecados pasados ya perdonados lo paralizaran y anularan en la nueva empresa de su vida. Cuando da su testimonio a los filipenses les dice: "olvidando lo que queda atrás y extendiéndome a lo que está por delante, prosigo a la meta hacia el premio del supremo llamamiento de Dios en Cristo Jesús" (Fil. 3:13, 14). Ese "olvidando" no es obviamente literal porque acababa de describir su vida en el judaísmo. Olvidar es no permitir que influya negativamente en sus proyectos futuros.

Lo mismo sucede con muchos cristianos que han cometido homicidio o violación o han sido crueles e injustos con sus cónyuges, sus hijos o sus padres. Si no se perdonan pasan la vida lamentándose y amargándose. Un cristiano amargado es una contradicción de términos. Uno puede tener momentos de tristeza, porque es normal en el ser humano, pero si es cristiano no puede estar siempre triste. El Espíritu Santo le proporciona gozo al corazón, un gozo que no depende de las circunstancias sino que es fruto del Espíritu (Gál. 5:22). Por lo tanto no puede quitarlo la adversidad y es posible experimentarlo en lo íntimo del ser aun en las circunstancias más adversas; el creyente tiene más que suficientes motivos para estar contento y alegre. La exhortación del apóstol Pablo es "estad siempre gozosos" (1 Tes. 5:16).

Hay muchas cosas que ensombrecen nuestra vida. Seguramente que si tuviéramos la oportunidad de volver atrás en el tiempo y empezar de nuevo, evitaríamos mucho de lo hecho y haríamos mucho de lo omitido. Pero el pasado es irreversible, no se puede cambiar. Tampoco Dios lo cambia. Hay que aceptar el perdón de Dios y perdonarse a sí mismo.

Cristo vino a morir por los pecados que abruman y afligen nuestra conciencia culpable, la carga del pasado. "Él dijo: Venid a mí todos los que estáis fatigados y cargados, y yo os haré descansar" (Mat. 11:28).

Después de convertidos también cometemos errores e incurrimos en faltas que nos avergüenzan como cristianos. En este caso el camino de la reparación es el arrepentimiento y la confesión a Dios. El apóstol Juan dice a los cristianos: "Si decimos que no tenemos pecado, nos engañamos a nosotros mismos, y la verdad no está en nosotros. Si confesamos nuestros pecados, él es fiel y justo para perdonar nuestros pecados y limpiarnos de toda maldad" (1 Jn. 1:8, 9).

(3) Casos traumáticos. Hay casos traumáticos y que atormentan a algunos cristianos, como por ejemplo:

(a) Aborto. El médico advirtió a la pareja que se corría el riesgo de que naciera un ser anormal. Ante tal perspectiva las opiniones de los religiosos consultados estaban divididas. "Es un asunto de conciencia y no puedo decirles lo que deben hacer. Deben decidirlo ustedes", dijo uno. "Si Dios lo mandó a este mundo, el niño debe nacer", dijo otro, "no pueden decidir ustedes sobre la vida de él. Dejen que Dios haga su voluntad". Un tercero opinó que el aborto en este caso es justificable. "Seguramente Dios no quiere que venga a la vida un ser desgraciado e infeliz". "Hay tres clases de abortos —agregó— que quizá puedan permitirse: El terapéutico, cuando el feto pone en peligro la vida de la madre. El eugenésico, cuando se comprueba que hay taras físicas o psíquicas en el feto. El ético, cuando el embarazo se debe a violación o incesto. El problema es que también existe probabilidad, aunque escasa, de que nazca normal". La pareja decidió por el aborto. El tema no es sencillo ni puede haber una respuesta única para todos los casos. Sin embargo, no es tema para desarrollar en este trabajo. Lo que intentamos aquí es presentar el problema de conciencia que se ha creado en la pareja. Ambos son creyentes y sienten, más tarde, que están en falta delante de Dios. El problema puede ser más agudo en la mujer, que si hubiera querido podría haber evitado la interrupción del embarazo.

(b) Infidelidad. Ésta puede ser esporádica, es decir, de tanto en tanto, u ocasional. Quizá ocurrió una sola vez. O puede tratarse de una relación oculta que duró mucho tiempo. Algunos aconsejarán una confesión a la parte traicionada, lo cual puede ocasionar un escándalo mayúsculo o puede dañar enormemente no sólo la relación de pareja sino también socavar la estabilidad de la familia. Se trata de casos delicadísimos y hay que estar seguro de qué es lo conveniente a fin de que el remedio no sea peor que la enfermedad. Cada uno, después de una preparación espiritual, especialmente en oración, será guiado por el Espíritu Santo a decidir lo mejor.

(c) Divorcio. Que haya divorcios es lamentable desde varios ángulos: religioso, social y familiar. Pero el divorcio es una situación de hecho que debemos admitir. Es una experiencia dolorosa en la pareja, que acusa crisis y fracaso. El vínculo del amor que antes unía se rompió y entonces se prefirió la sinceridad a la hipocresía de mantener la apariencia de algo que en esencia ya no existe. No se quiso seguir exhibiendo una institución legal a la vista de la sociedad, cuando internamente, en la conciencia de los cónyuges y a la vista escrutadora de Dios, lo que era matrimonio —si es que moral y espiritualmente lo fue alguna vez— ya no lo es más.

La experiencia del divorcio (o separación) es tan traumática que cuando los ex cónyuges se vuelven a casar (cada uno por su parte, se entiende), se dice que van a rehacer sus vidas. Esto implica un rompimiento en diversos grados y varios niveles. La situación del divorciado cristiano es a veces conflictiva, y con el paso de los años sigue sufriendo por lo que le ha sucedido. Sus heridas no parecen cicatrizar. En muchos casos no se perdonan el no haber podido manejar la situación y no haber evitado el desenlace del matrimonio en divorcio.

Las palabras de 1 Juan 1:7, que generalmente usamos para evangelizar, está dirigido a los cristianos: "La sangre de su Hijo Jesús nos limpia de todo pecado". El verbo "limpiar" está en tiempo presente, con la idea de acción continua. No se refiere a la regeneración o limpieza de la justificación en el momento de la conversión, sino a la purificación continua de los que andan en luz, pero se ensucian en el diario contacto con el mundo. Si el arrepentimiento es sincero, el perdón es seguro, y si Dios nos perdona debemos considerarnos limpios y no debemos torturarnos por las debilidades de la carne. En el proceso de la santificación se libra una lucha sin cuartel entre la carne y el espíritu, entre la vieja naturaleza y el nuevo hombre. Es una guerra civil que tiene lugar en el corazón del cristiano. El diablo no se resigna con la derrota, y la vieja naturaleza azuzada por Satanás quiere imponerse. Pero el diablo ya ha sido vencido por Cristo en la cruz y la victoria está asegurada para el cristiano. No obstante en la batalla sufre pérdidas parciales y a veces retrocesos significativos. Pero con todo, no debe desanimarse ni bajar la guardia. El perdón divino debe ser el aliciente y estímulo para perdonarnos y para que experimentemos la paz de Dios en nuestro corazón.

(4) Debemos perdonar a los demás. Ya hemos visto que no hay nadie perfecto. El que se equivoca y quiere que se lo perdone, debe a la vez perdonar y dar otra oportunidad a su prójimo. Como bien dice Pablo: "Quítense de vosotros toda amargura, enojo, ira, gritos y calumnia, junto con toda maldad. Más bien, sed bondadosos y misericordiosos los unos con los otros, perdonándoos unos a otros, como Dios también os perdonó a vosotros en Cristo" (Ef. 4:31, 32).

Nunca debemos rehusar el perdón al que nos ha ofendido. El rencor es un arma de doble filo. Va dirigido contra el ofensor pero también le hace mal al que lo abriga en su corazón. Algunos están dispuestos a perdonar al ofensor si éste les pide perdón, pero está el perdón unilateral, que es el que se otorga aun a aquel que no reconoce su culpa y por ende no pide perdón. Dios exige el arrepentimiento, pero él es Dios, nosotros no. Debemos perdonar de cualquier manera para quedar libres de toda carga y gozar de buena salud interior. Después de enseñar el Padre Nuestro, nuestro Señor Jesucristo dijo a sus discípulos: "Porque si perdonáis a los hombres sus ofensas, vuestro Padre celestial también os perdonará a vosotros. Pero si no perdonáis a los hombres, tampoco vuestro Padre os perdonará vuestras ofensas" (Mat. 6:14, 15). Generalmente los casos que no se perdonan y que han dejado resentimientos y raíces de amargura, son los siguientes, entre otros:

(a) Hijos fuera del matrimonio. No son pocos los que están resentidos por ser hijos de madre soltera y se han criado sin la figura paterna. En algunos casos han tenido padrastros y la relación con ellos no ha sido precisamente feliz. En más de una oportunidad han sufrido vergüenza frente a sus compañeros por no poder decir quién es su padre, como todos los demás.

(b) Malos ejemplos. Han sido avergonzados por la mala conducta de los padres. Esto ha traído a su vida resentimiento y ha influido negativamente en su relación con ellos, haciéndolos desconfiados, indiferentes u hostiles.

(c) Castigo. Muchos han sido castigados físicamente sin piedad en su niñez. A veces el padre, la madre, o ambos descargaban en ellos todas sus tensiones por los problemas que afrontaban. El castigo no guardaba relación con la falta, teniendo en cuenta que los niños no tienen la capacidad de comportarse como mayores. Están en proceso de desarrollo y no tienen madurez emocional, de modo que es natural que se comporten como niños y no como adultos. Peor aún es el caso de recibir un castigo injustamente, lo cual difícilmente se olvida. Están los que no solamente llevan las marcas en su alma, sino también en su cuerpo.

(d) Abandono. No pocos han sido abandonados en su niñez. Algunos han sido dados, otros dejados en algún lugar de donde se los ha recogido y criado. Generalmente han recibido mucho amor de sus padres adoptivos, pero muchas veces llevan adentro ese dolor de no haber sido amados por sus progenitores.

(e) Sufrimiento. Desde muy pequeños algunos han experimentado el trabajo duro. Tuvieron que salir a pedir o a trabajar desde niños bajo las órdenes de extraños o con sus mismos padres o tutores, sin disfrutar del juego y de la recreación propios de la niñez. Supieron desde temprana edad lo que era el rigor del trabajo y lo que se sufre para ganarse el pan. También conocieron toda clase de privaciones.

Seguramente hay muchas razones que determinan el endurecimiento del corazón y la negativa del perdón. Sin embargo, el cristiano ha sido perdonado por Dios y debe perdonar. Dios lo ayuda para que lo haga y es posible hacerlo. Son muchos los factores que pueden haber ocurrido para que las cosas hayan sucedido así. Se debe perdonar a la madre soltera, a los padres por sus malos ejemplos y a la madre que los abandonó. No se sabe qué circunstancias los llevaron a sus decisiones. También el cristiano puede perdonar a sus padres por una niñez de sufrimiento o de castigos severos. Ellos obraron seguramente por ignorancia y de acuerdo con la formación que tuvieron. Es muy probable que ellos hayan sido criados de la misma manera. Quizá sus sentimientos e intenciones eran buenos pero no supieron obrar de otra manera. Quizá están arrepentidos ahora y sufren por un pasado irreversible. El remedio para el resentimiento y la amargura es el perdón sincero y el ejercicio del amor.

En una parábola Jesús nos cuenta de un rey que quiso arreglar cuentas con sus oficiales. Uno de ellos debía una enormidad y no pudiendo pagar, el rey ordenó, de acuerdo con las leyes romanas, que fuera vendido él con su familia y todos sus haberes para saldar aunque fuera una pequeña parte de la deuda. Como le suplicó postrado que le tuviera paciencia y le prorrogara el plazo, prometiéndole que le iba a pagar todo, el rey, conmovido, le perdonó toda la deuda. Pero no bien hubo salido de delante del rey, encuentra a un consiervo suyo que le debía una suma insignificante y aferrándose del cuello le reclamó el pago. También éste se postró a sus pies y le rogó que le ampliara el plazo, prometiéndole que le iba a pagar todo. Pero el acreedor insensible, olvidando lo mucho que se le había perdonado a él, lo hizo echar en la cárcel. Cuando el rey se enteró lo hizo llamar y le dijo: "¡Siervo malvado! Toda aquella deuda te perdoné, porque me rogaste. ¿No debías tú también tener misericordia de tu consiervo, así como también yo tuve misericordia de ti? Y su señor, enojado, le entregó a los verdugos hasta que le pagara todo lo que le debía", y agregó: "Así también hará con vosotros mi Padre celestial, si no perdonáis de todo corazón cada uno a su hermano" (Mat. 18:23-35).

La enseñanza de la parábola es clara. La deuda que cada uno de nosotros ha contraído con Dios por causa de nuestros pecados, es ingente, imposible de pagar. Dios nos perdonó gratuitamente. Lo que nos deben por ofensas e injurias siempre será ínfimo comparado con la deuda perdonada. Por eso debemos perdonar en atención al gran amor que Dios tuvo para con nosotros.

III. ACEPTACIÓN DE SU PROPIA IDENTIDAD

Un cristiano tiene que darle gracias a Dios por haber nacido. La vida es un don de Dios, por lo tanto no debe renegar de la misma. Job maldijo el día en que nació. Dijo: "Perezca el día en que nací, y la noche en que se dijo: '¡Un varón ha sido concebido!'... '¿Por qué no morí en las entrañas, o expiré al salir del vientre?'" (Job 3:3, 11). Su situación era de profundo sufrimiento, y es sabido que personas que padecen aflicciones muy grandes se preguntan para qué nacieron, y si vale la pena vivir. Juzgarlas es fácil cuando uno no sabe qué pasa en el alma de esos seres para quienes la vida es un continuo dolor.

Pero hay personas que están disgustadas con Dios y con la vida por otras razones que aparentemente no debieran producir vergüenza ni autorechazo.

1. El aspecto físico

Un hombre bajo de estatura, citaba a Napoleón Bonaparte, quien decía que el hombre se mide del mentón para arriba. No tenía complejos de inferioridad sino alta su estima. Hay una infinidad de aspectos: negros y blancos, altos y bajos, rubios y morenos, flacos y gordos, sanos y enfermos. Los cristianos son hijos de Dios y todos tienen un lugar en la vida dentro del plan de Dios.

2. La capacidad intelectual

También están los que creen que Dios los ha hecho para vivir en la ignorancia o en una situación intelectual de mediocridad. Se culpan de no haber podido desarrollar su inteligencia y de estar condenados a vivir, en una sociedad competitiva, en inferioridad de condiciones frente a la mayoría. No obstante muchos cristianos aunque no les haya sido posible seguir una carrera académica u obtener algún título profesional, se han esforzado por superarse leyendo y cultivando el pensamiento. Y muchos, aun reconociendo sus limitaciones, han encontrado su lugar en la sociedad y son felices.

3. La familia y la parentela

Uno no puede elegir la familia. Sin embargo el cristiano debe amar a sus padres y hermanos, y no renegar de su parentela. Si la conducta y los antecedentes de sus familiares no son buenos, no es culpa de él. Debe aceptarlos, y como hijo de Dios tiene el deber de ser sal y luz en medio de los suyos. Aunque tenga que cargar con un apellido que no le dé prestigio, él puede ser el redentor de su apellido. Dios va a juzgar a la persona no por su apellido sino por lo que cada uno es, por su propia identidad. La gente de Nazaret conocía a la familia de Jesús y se admiraba de él diciendo: "¿No es éste el carpintero, hijo de María, hermano de Jacobo, de José, de Judas y de Simón? ¿No están también sus hermanas aquí con nosotros? Y se escandalizaban de él" (Mar. 6:3).

4. El ambiente

Indudablemente en todas partes hay toda clase de gente. Hay ladrones, drogadictos y delincuentes en las llamadas "villas de emergencia" o barriadas, y también en los lujosos departamentos de los centros urbanos. Hay también gente honesta, trabajadora y estudiosa, en ambos lugares. Nazaret, que era la villa donde se había criado Jesús, no tenía buena fama. Cuando Felipe le comunicó a Natanael que Jesús era de Nazaret, éste reaccionó súbitamente: "¿De Nazaret puede haber algo de bueno?" (Juan 1:46). Y así como Nazaret pudo dar al mundo a un Jesús, muchos barrios y pueblos de muchísimas ciudades del mundo, donde hay muchos malhechores, han dado grandes hombres a la humanidad.

Concluyendo este capítulo, nuestro desafío es que aquellos que no nos aceptemos a nosotros mismos, no demos tanta importancia a la opinión de los demás. No aceptemos el valor que los demás ponen en nuestro aspecto, capacidad, parentesco o ambiente, sino más bien comprendamos y aceptemos el valor que Dios ha puesto en nuestro aspecto, capacidad, parentesco y ambiente. Pablo decía: "Porque no osamos clasificarnos o compararnos con algunos que se recomiendan a sí mismos. Pero ellos, midiéndose y comparándose a sí mismos consigo mismos, no son juiciosos" (2 Cor. 10:12). La actitud de una persona hacia sí misma afecta su actitud para con Dios, para con su familia, para con los que la rodean. Además esta actitud influirá en su futuro. Si estamos bien con Dios también debemos estarlo con nosotros mismos. Aceptémonos como somos y consideremos que somos valiosos para Dios.

Él tiene un plan para cada uno de nosotros. No estamos en este mundo por azar. Busquemos agradar a Dios y servirle de la mejor manera, confiando plenamente y sin reservas en él, y en esta confianza encontraremos gozo y satisfacción, sentido y propósito en nuestra vida.

TERCERA PARTE

Conclusión

Capítulo 6
Evaluación

I. UNA EVALUACIÓN DE LA "SANIDAD INTERIOR"

La "sanidad interior", como dije en la introducción, es una nueva doctrina con sus respectivas prácticas. No nos vino del cielo, por cierto, ni está incluida en la revelación escrita. De ser así la hubiera enseñado y practicado la iglesia en estos casi dos mil años. Es parte del "paquete" de doctrinas y prácticas del movimiento carismático moderno. Para algunos es un descubrimiento de enseñanza bíblica, para otros es un sistema extrabíblico divinamente revelado en estos últimos tiempos como parte de un auténtico avivamiento espiritual de parte del Espíritu Santo. Y para otros es un invento de los hombres, que pretende tener justificación bíblica.

Hay muchas verdades contenidas en esta doctrina, pero hay también muchos errores, como en todo sistema humano. A principios de la década de los 90 fue enseñada y practicada por algunos tal como había llegado al país (Argentina). Después fue depurándosela y adaptándola al medio. Hoy existe un "ministerio de sanidad interior" en muchas iglesias evangélicas. No en todas, porque no es una doctrina evangélica. No se la encuentra en los libros de doctrina que han producido los más preclaros teólogos evangélicos. Ni existe ese título en la declaración de doctrinas y prácticas de las iglesias evangélicas históricas. Eso no significa que bajo otros rótulos, y dentro de otros temas, no se haya enseñado mucho del contenido de dicha doctrina. Consideremos ahora algunos de los errores más evidentes:

1. Enfatizar lo psicológico

Los temas psicológicos deben ser abordados por psicólogos, y los desórdenes psicológicos deben ser tratados por psicólogos. Si bien los pastores tienen una preparación psicológica, no son profesionales en el ramo.

El interés de la Biblia no es psicológico sino espiritual. Temas como depresión, traumas emocionales, angustia, alcoholismo, bulimia, anorexia, fobias, drogadicción, homosexualismo, estrés, cleptomanía, desviaciones, esquizofrenia, paranoia y otros, tienen aspectos sociales, éticos, médicos, y espirituales, pero son fundamentalmente psicológicos.

Los temas de tipo ético, médico, psicológico, jurídico, dietético y sociológico no están de más en nuestra iglesia. Por ejemplo, me parece bien que sobre la base bíblica de que el cuerpo es templo del Espíritu Santo, y que por lo tanto se lo debe cuidar, se dicten cursos dietéticos para prevenir enfermedades y que se impartan clases de arte culinario para una sana alimentación. Pero no me parece bien que se enfatice sobre este asunto desmedidamente. Creo que es un caso extremo que se lo lleve al púlpito, que se cree un "ministerio dietético" dentro de la iglesia, y que se lo incluya en el currículo de un seminario teológico. Al fin y al cabo, las dietas responden a una interpretación sobre la nutrición. Esto mismo puede decirse de temas médicos, sicológicos, éticos o jurídicos, y más todavía cuando se trata de asuntos acerca de los cuales hay varias escuelas o corrientes de interpretación. D. A. Seamands dice:

> Mi propia experiencia en este terreno me ha enseñado que no hay área en que el trigo y la cizaña crezcan más juntas que en la psicología. Siendo una ciencia en ciernes todavía, está llena de teorías y enfoques nuevos y flamantes. No hace mucho que los conocimientos y verdades de la psicología se vienen integrando con el enfoque verdaderamente cristiano al aconsejar.[1]

[1]David A. Seamands, *La curación de los recuerdos* (Terrassa: Editorial CLIE, 1986), p. 21.

Sólo los temas bíblicos y espirituales merecen ser enfatizados y ocupar un lugar permanente en nuestras iglesias.

Una cosa que debemos tener bien clara los pastores es que no somos psicólogos, y cuando discernimos en el asesoramiento pastoral que un problema no es espiritual sino psíquico o físico —ya sea en un creyente o en un no creyente— no debemos tratar de curarlo con la "psicología pastoral", sino que debemos derivarlo a un profesional. Muchas personas han salido mortificadas y agravadas de las consultas pastorales. No han sido comprendidas y ayudadas en sus problemas, sino por el contrario se les ha dicho, como los amigos de Job, que deben arrepentirse y pedir perdón a Dios, porque un cristiano no puede padecer un mal de esa naturaleza. En algunos casos se les ha diagnosticado "posesión" de algún espíritu inmundo y se lo ha exorcizado con zamarreos y gritos, agravando de ese modo el estado del pobre paciente.

Un psicólogo cristiano como el doctor Seamands cuenta de una mujer cristiana con muchas heridas traídas desde la infancia: traumas sexuales y experiencias muy penosas. Tenía un matrimonio aparentemente normal y una familia feliz. Pero un cambio imprevisto en su hogar, debido a razones laborales, que parecía poner en peligro la estabilidad del mismo, desató una crisis en ella. Gradualmente se desarrolló un rencor muy hondo que afectó las relaciones con su marido hasta el punto en que ya su matrimonio se desmoronaba. En una sesión de asesoramiento ella reconoció su pecado de resentimiento, lo confesó a Dios, perdonó a su marido por el mal que según ella creía él le había inferido, y recibió el perdón de él. Esto la curó interiormente y no necesitó la cura de los recuerdos. El amor de la iglesia le ayudó a estar en paz con su pasado. Y sobre la base de esta experiencia dice el mencionado psicólogo: "Con frecuencia es difícil decidir si la curación específica de los recuerdos está indicada o no, y es en este punto que tengo muchas reservas sobre el uso de esta forma de curación emocional/espiritual con grupos o reuniones en masa".[2]

[2]Ibíd., p. 24.

El caso relatado nos muestra que si es difícil para el psicólogo saber si corresponde o no curar los recuerdos, ¿qué queda para el neófito en psicología? ¡Y pensar que hay personas sinceras y bien intencionadas, pero sin ninguna formación psicológica, que están practicando este "ministerio de sanidad interior"!

2. Pretender que la iglesia debe hacer lo mismo que hizo Jesús

Cuando Jesús presentó su programa mesiánico, tomó las palabras de Isaías capítulo 61 y dijo: "El Espíritu del Señor está sobre mí, por cuanto me ha ungido para dar buenas nuevas a los pobres; me ha enviado a sanar a los quebrantados de corazón; a pregonar libertad a los cautivos, y vista a los ciegos; a poner en libertad a los oprimidos; a predicar el año agradable del Señor" (Luc. 4:18, 19; RVR-1960).

Jesús sanó de diversas enfermedades a todos los que le traían a él, poniendo las manos sobre cada uno de ellos, y sanó a los endemoniados (Luc. 4:40, 41 y pasajes paralelos). Sus milagros fueron sus credenciales como el Mesías. Fueron "señales" que apuntaban hacia verdades espirituales. En Juan 20:30, 31 leemos: "Por cierto Jesús hizo muchas otras señales en presencia de sus discípulos, las cuales no están escritas en este libro. Pero estas cosas han sido escritas para que creáis que Jesús es el Cristo, el Hijo de Dios, y para que creyendo tengáis vida en su nombre". De estas palabras se desprende que Jesús no vino para sanar; las sanidades eran señales. El propósito de éstas era que la gente creyera y recibiera la vida eterna. Jesús anunció el propósito de su venida: "El Hijo del Hombre ha venido a buscar y a salvar lo que se había perdido" (Luc. 19:10). "Yo he venido para que tengan vida, y para que la tengan en abundancia" (Juan 10:10b). Pablo lo confirma igual: "Fiel es esta palabra y digna de toda aceptación: que Cristo Jesús vino al mundo para salvar a los pecadores, de los cuales yo soy el primero" (1 Tim. 1:15).

Si bien sus discípulos inmediatos continuaron por un breve tiempo realizando prodigios y señales (especialmente los apóstoles, Hech. 2:43; 5:12) de acuerdo con su promesa: "De cierto, de cierto os digo que el que cree en mí, él también hará las obras que yo hago. Y mayores que éstas hará, porque yo voy al Padre" (Juan 14:12), la misión de la iglesia era fundamentalmente espiritual. En la gran comisión de Mateo 28:18-20 la iglesia debe hacer discípulos, bautizarlos y adoctrinarlos. En Marcos 16:15 debe predicar en todas las naciones. En Juan 20:23 debe remitir o perdonar los pecados o retenerlos. Esto en función de la predicación del evangelio.

Si la iglesia tuviera la misión de sanar a todos los enfermos de diversas enfermedades milagrosamente como lo hizo Jesús, en virtud de poderes sobrenaturales, su fracaso ha sido rotundo desde el último tramo de la época apostólica en que no encontramos ningún milagro, hasta el presente. Los milagros de Jesús y sus apóstoles no se han repetido en forma regular a lo largo de toda la historia del cristianismo.

Hay quienes gustan citar Marcos 16:17, 18: "Estas señales seguirán a los que creen: En mi nombre echarán fuera demonios, hablarán nuevas lenguas, tomarán serpientes en las manos, y si llegan a beber cosa venenosa, no les dañará. Sobre los enfermos pondrán sus manos, y sanarán". Pero estos versículos chocan con dos dificultades: Primera, están contenidos en un párrafo (vv. 9-20) que no se encuentra en los mejores manuscritos. Se cree que fueron añadidos en una época posterior a Marcos. Por lo tanto son de dudosa autoridad. No se debe enfatizar sobre una base tan insegura, pues es colocar mucho peso sobre un fundamento muy precario. Y segunda, que menciona cinco señales: echar fuera demonios, hablar nuevas lenguas, tomar serpientes en las manos, beber cosa mortífera sin que les dañe, poner las manos sobre los enfermos y que éstos sanen. Estas señales no se cumplen actualmente ni se han manifestado en forma regular en la historia del cristianismo. Algunos pueden decir que hablan en nuevas lenguas porque no se puede comprobar que sea así, o que expulsan demonios, lo cual tampoco se puede comprobar, pero no se ve que tomen serpientes en sus manos, que beban veneno sin que les dañe o que pongan las manos sobre los enfermos y sanen. De modo que citar dichos versículos no les hace ningún favor. Cuando Jesús y sus apóstoles sanaban, la sanidad era total, inmediata y definitiva. No sólo enfermedades psicosomáticas o funcionales sino enfermedades orgánicas. La sanidad era evidente y no dejaba duda alguna. Ellos no necesitaban un ambiente especial para obrar. Las sanidades eran personalizadas.

Cuando Jesús sanó a un leproso le ordenó: "muéstrate al sacerdote" (Mar. 1:44). Igualmente cuando diez leprosos le imploraron misericordia, él les dijo: "Id, mostraos a los sacerdotes" (Luc. 17:14). El sacerdote verificaba si realmente se había producido la sanidad y dictaminaba que el enfermo había sanado en caso que fuera así. Jesús no tenía ningún temor de que el sacerdote hallara que no estaba sano. No temía que lo que él había declarado fuera verificado. Su obrar era transparente. Las sanidades eran verídicas y comprobables. Hoy no pasa lo mismo con los "sanadores".

Mientras era pastor en la ciudad de Córdoba, Argentina, los hermanos pentecostales realizaron una campaña de sanidad en un estadio de fútbol con el ministerio del evangelista Yiye Ávila. Como siempre sucede en estos casos, todas las noches se anuncian milagros y sanidades. Cuando finalizó la campaña, el pastor Daniel E. Annone, que también es periodista, y un servidor visitamos a los organizadores de dicha cruzada y les pedimos si podían darnos las direcciones de todos los que había sido sanados, con el fin de hacer un trabajo de investigación periodística, lo cual hubiera redundado en un gran crédito para la campaña de comprobarse la veracidad de todos los casos de sanidades anunciados. Nuestra visita fue cordial, respetuosa y fraternal, sin embargo fuimos tratados prácticamente como incrédulos y no nos dieron satisfacción. Entonces nos acordamos de cómo obraba Jesús a la luz del día y exigía que lo que pudiera parecer dudoso fuera esclarecido y comprobado. John F. MacArthur afirma lo siguiente:

> Estoy convencido de que los milagros, las señales y los prodigios, reclamados hoy día en el movimiento carismático no tienen nada en común con los milagros apostólicos. Y estoy persuadido por las Escrituras y por la historia que nada como el don de milagros del NT está en operación hoy en día. El Espíritu Santo no ha dado a ningún cristiano de tiempos modernos dones milagrosos comparables a los que dio a los apóstoles... Si los obradores de milagros de la Tercera Ola creen sinceramente que sus obras poderosas son supuestas señales para los incrédulos, ¿por qué no publican la prueba de que esos eventos realmente tuvieron lugar? Fenómenos tales como reemplazo de dedos y de miembros, sanidad de defectos de nacimiento, odontología sobrenatural y la resurrección de muertos debieran ser fáciles de probar especialmente si hubo médicos presentes. La validación independiente de tales prodigios produciría titulares internacionales.[3]

3. Pretender tener ciertos dones para el "ministerio de liberación"

(1) Don de discernimiento de espíritus. ¿Qué es este don? Según Charles Ryrie:

> Discernir espíritus es la capacidad de distinguir entre las fuentes verdaderas y las falsas de la revelación sobrenatural cuando ésta se daba en forma oral. Se trataba de un don muy necesario antes de que fuera escrita la Palabra, porque no faltaban los que afirmaban que traían revelación divina pero que en realidad eran profetas falsos.[4]

Juan dijo: "Amados, no creáis a todo espíritu, sino probad los espíritus, si son de Dios. Porque muchos falsos profetas han salido al mundo" (1 Jn. 4:1).

---

[3]John F. MacArthur, *Los carismáticos* (El Paso: Casa Bautista de Publicaciones, 1997), p. 109.
[4]Charles C. Ryrie, *El Espíritu Santo* (Grand Rapids: Editorial Portavoz, 1993), p. 107.

Según Billy Graham:

> Los creyentes deben poner a prueba los diversos espíritus y doctrinas que abundan en el día de hoy. Y sobre todas las cosas, debemos probarlos según las normas que nos fija la Palabra de Dios, la Biblia. Pero además, Dios otorga a ciertas personas una capacidad extraordinaria para discernir la verdad.[5]

En estas dos interpretaciones vemos dos posturas representativas del pueblo evangélico: La primera afirma que ese don era necesario para distinguir los profetas falsos de los verdaderos cuando todavía no estaba la Palabra escrita. La segunda, que todos en alguna medida podemos ejercer este discernimiento examinando todo a la luz de la Biblia, pero que sólo algunos están dotados de ese don especial en el día de hoy. Creo que ni Ryrie ni Billy Graham son dueños de la verdad, pero si el apóstol Juan le habló en esos términos a toda la iglesia, es evidente que todos los cristianos en la medida de sus conocimientos del Nuevo Testamento pueden evaluar las doctrinas y los "espíritus". Toda doctrina que no esté claramente basada en el Nuevo Testamento debe ser rechazada.

(2) Don de sanidad. A veces se confunde el "don de sanidad" con la "sanidad por la oración". Dios a veces sana en respuesta a la oración de fe. No en todos los casos ni todas las veces. Hay testimonios preciosos de sanidad milagrosa. Esto es innegable. Pero no en virtud del "don de sanidad" ejercido por alguien, sino debido a la oración de fe de una persona, una iglesia, o muchos creyentes.

Algunos suponen que la escasez de milagros auténticos de sanidad se debe a la falta de fe del pueblo de Dios. No es así. Hemos demostrado bíblicamente que Dios fue retirando paulatinamente los milagros en el mismo tiempo apostólico. La escasez de milagros debe ser atribuida a la soberanía de Dios que ha escogido obrar a través de la naturaleza que es

[5]Billy Graham, *El Espíritu Santo* (El Paso: Casa Bautista de Publicaciones), p. 170.

obra suya, y no por encima de ella. Creo que más bien falta fe en algunos cristianos para aceptar la soberanía de Dios. Se necesita más fe para creer en un Dios soberano que hace su voluntad en la tierra como en el cielo, que en un Dios "milagrero" que puede ser manipulado por el hombre.

(3) Don de liberación. En el lenguaje de la "sanidad interior" y de la "guerra espiritual" significa echar fuera demonios.

Es interesante oír las distintas opiniones de hermanos sencillos y sinceros que aseguran que alguien está endemoniado. Los síntomas, dicen, no son de enfermedad sino de posesión. También es penoso el esfuerzo de algunos hermanos en tratar de expulsar al supuesto demonio. Es curioso el hecho de que ellos dicen saber, en caso de que se produzca la "liberación", el número de demonios que sale de una persona y a veces los nombres que los mismos tienen. El criterio bíblico conservador acepta la existencia objetiva de los demonios. El psiquiatra alemán Alfred Lechler[6] cree que hay perturbaciones psíquicas causadas por influencia demoníaca, pero considera un error frecuente el atribuir sujeción demoníaca a personas que padecen esquizofrenia, epilepsia, depresión, demencia senil y otras enfermedades. El teólogo Kurt Koch, en su libro: "Ocultismo y Cura de Almas", describe casos ocurridos en los campos misioneros, especialmente en los países animistas, que parecen ser paralelos a los de los tiempos del Nuevo Testamento. Según él, no todos los fenómenos llamados "posesión" pueden explicarse psicológica o psiquiátricamente.

Los casos de "posesión" son muy raros, de modo que es innecesario, a mi criterio, un ministerio de liberación. Hay miles de pastores que jamás han visto un caso de "posesión" en toda su larga vida pastoral. Además, persiste el error de creer que se tiene un "don" de liberación. Dicho "don" no figura en ninguna de las listas de dones del Nuevo Testamento. Más bien fue una facultad que Jesús otorgó a los apóstoles y tam-

[6]Citado por J. P. Newport, *Demonios, Demonios, Demonios* (Buenos Aires: Junta Bautista de Publicaciones, 1973), p. 79.

bién a los setenta discípulos y aparece como "señal" que acompañaría la predicación, en la Gran Comisión al final del evangelio de Marcos, pasaje que ya hemos comentado.

4. Sospechar posesión demoníaca

Los que practican la liberación necesitan estar seguros primero de que la persona sospechada está endemoniada. Para averiguarlo tienen que orar con los ojos abiertos para vigilar los movimientos musculares de la cara, los gestos y los movimientos del cuerpo. Tienen que adorar a Jesús, leer la Biblia, hacérsela leer a la persona en cuestión para ver la reacción de los demonios ante la Palabra de Dios. La evidencia parece ser una convulsión arrítmica. Entonces hay que atar al demonio con palabras imperativas y, si es posible, averiguar el nombre del espíritu o espíritus y dialogar con ellos. Luego echarlos en el nombre de Jesús. La salida produce en la víctima vómitos, tos, llanto y convulsiones. Finalmente guiar al liberado en una oración de renuncia a todo compromiso con el diablo.

Esto es una descripción resumida de lo que más o menos se hace en las sesiones de liberación. Varios ejemplos se pueden encontrar en los libros: "Cerdos en la Sala" de Frank e Ida Hammond, capítulo 19: "Sugerencias Prácticas para el Ministro que Hace la Liberación" y "Posesión Demoníaca" de Jorge Ovando, capítulo 7: "Esquema de Trabajo y Procedimiento". Demás está decir que tales rituales no se asemejan con el accionar de Jesús y los apóstoles. Ellos sabían cuando una persona estaba endemoniada y expulsaban los demonios directamente con la autoridad que tenían, sin tanto preámbulo, y los espíritus inmundos obedecían. No sabemos de ningún caso en el Nuevo Testamento que haya requerido el trabajo de todo un equipo de liberación ni que los espíritus se hayan resistido y demorado varios días en salir.

5. Enseñar que hay sanidad en la expiación

El movimiento de "sanidad interior" reitera que si hubiera sanidad en la expiación, al creer en Cristo seríamos automáticamente tanto sanos en lo físico y psíquico como salvos en lo espiritual. Si no fuéramos sanados tampoco tendríamos la seguridad de ser salvos. Seamands, refiriéndose a las cicatrices reprimidas en el inconsciente que causan rencor y sufrimiento inexplicables dice:

> Estas heridas no las toca la conversión ni la gracia santificadora, o los beneficios ordinarios de la oración... Nosotros los predicadores hemos dado la idea equivocada de que el nuevo nacimiento y el ser "llenados del Espíritu" van a resolver de modo automático todos estos traumas y conflictos emocionales. Pero no es así. Una crisis en que experimentamos a Jesucristo, por importante y valiosa que sea eternamente, no es un atajo para la salud emocional.[7]

6. Enfatizar el orar al Espíritu Santo

Jesús enseñó a orar así: "Padre nuestro...". Él nunca oró al Espíritu Santo, en cambio, varias veces oró al Padre celestial. Dijo a sus discípulos: "A fin de que todo lo que pidáis al Padre en mi nombre él os lo dé" (Juan 15:16). La iglesia de Jerusalén también hacía oración a Dios (Hech. 12:5). Si bien el Espíritu Santo es Dios, no se lo menciona y no se manda nunca a orar al Espíritu Santo, ni hay un solo ejemplo en todo el Nuevo Testamento de oración dirigida al Espíritu Santo. El rol del Espíritu Santo es interceder por nosotros (Rom. 8:26).

No digo que sea un error orar al Espíritu Santo, pero sí es un error **enfatizar** que debe hacerse, porque es un énfasis sin sustento bíblico.

El hecho de que el Espíritu Santo intercede por nosotros no nos autoriza a orarle a él. Tenemos que orar al Padre en el nombre del Hijo. La intercesión del Espíritu es automática. Él la realiza sin que nosotros tengamos que pedírsela. El único mediador entre Dios y los hombres es Jesucristo (1 Tim. 2:5), por eso oramos en el nombre de Jesús. Los católicos le piden a María que interceda ante Jesús. No estemos nosotros pidién-

[7]David A. Seamands, *Curación para los traumas emocionales* (Terrassa: Editorial CLIE, 1986), p. 16.

dole al Espíritu Santo que interceda ante el Padre. Tal cosa no se enseña en la Palabra de Dios.

7. Querer sanar el pasado

El pasado es irreversible. Lo que pasó ya es historia y no se puede cambiar por más que uno lo quiera. Esaú procuró con lágrimas recuperar la herencia que en un momento despreció, pero no le fue posible (Heb. 12:17). Uno se puede arrepentir de lo que ha hecho, pero lo hecho, hecho está. Puede también en algunos casos mejorar las consecuencias pero nunca modificar el acto pretérito. Como hemos dejado dicho, si el recuerdo de un hecho traumático nos causa sufrimiento, tenemos el recurso de la oración para pedir el consuelo divino y la ayuda necesaria que nos permita asumir el pasado y sobrellevarlo sin amargura, odios ni rencores.

Por más que uno regrese con la imaginación al pasado cercano o lejano, y visualice un hecho doloroso que marcó indeleblemente su vida, sea que lo haya recordado siempre o que haya tenido que exhumarlo del nivel inconsciente de su mente, ese hecho no cambiará. No se sana el pasado, sino que el creyente que está actualmente enfermo por causa del pasado sana en el presente. Uno se sana en el presente del mal causado por un recuerdo del pasado al cambiar de actitud frente al mismo. Esto es posible con la gracia que Dios suministra para perdonar a otros y perdonarse a uno mismo.

8. Atribuir poder a los ídolos

Los ídolos no son seres reales como los demonios. Son seres fantásticos creados por el hombre, fruto de su imaginación. Como hemos demostrado, no tienen vida y por ende, tampoco poder para hacer mal ni para hacer bien.

9. Temer a las maldiciones

Las maldiciones generacionales, fundacionales y las producidas por las palabras no pertenecen a la dispensación de la gracia, sino de la ley; y tenían su origen en Dios, sea que emanaran directamente de él o de alguien autorizado y respaldado por él.

Tampoco se puede "cortar" una maldición si proviene de Dios, y además es innecesario, ya que Jesucristo cargó con toda la maldición de la ley y fue hecho maldito por amor a nosotros. Enseñar que una iglesia está maldita porque nació mal o porque el edificio está ubicado en un terreno en el que se ha derramado sangre humana, o que una familia está maldita porque uno de sus antepasados era espiritista o practicó algún tipo de ocultismo, es fomentar la superstición. Tales afirmaciones son extrañas al evangelio de nuestro Señor Jesucristo.

Quiero reafirmar que el cristiano está espiritualmente sano según la declaración del apóstol Pedro: "Habéis sido sanados" (1 Ped. 2:24). Para mantener su salud espiritual tiene el recurso de la oración, el alimento de la Palabra, la comunión de la iglesia, la adoración, la práctica del amor y del perdón, y el servicio desinteresado al prójimo. El camino de la salud espiritual es el de la fe plena e incondicional depositada en el Padre celestial y el de la santidad integral de cuerpo, alma y espíritu.

II. EL DESCANSO ESPIRITUAL

En Mateo 11:28-30 Jesús dice: "Venid a mí, todos los que estáis fatigados y cargados, y yo os haré descansar. Llevad mi yugo sobre vosotros, y aprended de mí, que soy manso y humilde de corazón; y hallaréis descanso para vuestras almas. Porque mi yugo es fácil, y ligera mi carga". La salud del alma está íntimamente ligada a la relación con Dios. El ser humano que armoniza su vida con la voluntad de Dios está en armonía con el universo. Tiene paz y felicidad. Por el contrario, el que está en rebeldía con Dios, o alejado de él, sólo va a recibir frustraciones y golpes de parte de la vida. Dios es la fuente de paz y felicidad verdaderas. Una vida plena es una vida llena del Espíritu Santo.

1. Lo que presupone la invitación

La invitación al descanso del alma que extiende Jesús presupone dos cosas: Primera, que falta ajustar la vida a los propósitos de Dios, ponerla en consonancia con sus divinos mandatos. Isaías le decía al pueblo de Judá: "Vuestras iniquidades son las que hacen separación entre vosotros y vuestro Dios. Vuestros pecados han hecho que su rostro se oculte de vosotros para no escuchar" (Isa. 59:2). El pecado trae desarmonía y hace que la persona se sienta mal no sólo en su alma sino también en su cuerpo. El salmista decía: "Mientras callé, se envejecieron mis huesos en mi gemir, todo el día. Porque de día y de noche se agravó sobre mí tu mano; mi vigor se convirtió en sequedades de verano. Mi pecado te declaré y no encubrí mi iniquidad. Dije: 'Confesaré mis rebeliones a Jehovah. Y tú perdonaste la maldad de mi pecado'" (Sal. 32:3-5). Segunda, que Dios tiene interés en perdonar. Él dijo: "Porque he de saciar al alma fatigada, y he de llenar a toda alma que languidece" (Jer. 31:25). Dios no quiere que el ser humano, hecho a su imagen y semejanza y objeto especial de su inmenso amor, sea víctima del cansancio espiritual y de la tristeza por causa de las pruebas y aflicciones que quitan la alegría de vivir y enferman el alma y el cuerpo.

2. Los destinatarios de esta invitación

"Todos los que estáis fatigados y cargados". La versión Dios Habla Hoy dice: "fatigados y cansados". Obviamente no está refiriéndose al cansancio físico que desaparece con el reposo y el sueño, sino al cansancio moral y espiritual causado por varios motivos. Posiblemente Jesús aludía a las cargas que los falsos maestros religiosos de la época ponían sobre los creyentes: "¡Ay de vosotros también, maestros de la ley! Porque imponéis a los hombres cargas que no pueden llevar, pero vosotros mismos no las tocáis ni aun con uno de vuestros dedos" (Luc. 11:46). Los escribas elaboraban miles de preceptos reglamentando la ley de Moisés, y los fariseos trataban de cumplirlos meticulosamente. Pero los escribas mismos no los cumplían, y los fariseos eran celosos en el cumplimiento de la letra, pero no del espíritu de la ley. La gente común no podía sobrellevar tan onerosa carga.

También Pedro se refería al legalismo judaico, y les decía a los que insistían en imponer la ley a los cristianos: "¿Por qué ponéis a prueba a Dios, colocando sobre el cuello de los discípulos un yugo que ni nuestros padres ni nosotros hemos podido llevar?" (Hech. 15:10). Pero hay también otras clases de cargas:

(1) Las cargas del pasado. A veces la conciencia de culpa por errores del pasado perturba en el presente de tal manera que la vida se hace difícil. Uno quisiera corregir, cambiar o eliminar una mala experiencia, pero ya es tarde. Lo que hicimos, bueno o malo, es parte de la historia de nuestra vida. Algunos piensan que Dios no los puede perdonar, y cargan con el sufrimiento de por vida. Pero también sucede que hay personas que sufren en el presente, no por sus errores sino porque han sido víctimas de errores ajenos. Han sido maltratados o abusados, y tienen un doloroso recuerdo que no los deja tranquilos. Esos traumas suelen manifestarse en forma de depresión, de rebeldía o de agresividad. Jesús los invita a llevarle a él estas cargas para obtener liberación y descanso.

(2) Las cargas del presente. Aunque la ciencia y la tecnología han hecho más llevadera y confortable la vida, los problemas no han desaparecido. La vida moderna es muy complicada y agitada. La gente anda de prisa para cumplir con sus compromisos, y asimismo no le alcanza el tiempo para disfrutar del descanso necesario y solazarse con su familia. El estrés está a la orden del día. Las deudas financieras, las enfermedades, los problemas laborales, familiares y afectivos constituyen la carga del presente. Tratamos de solucionar solos los problemas y nos sentimos frustrados ante el fracaso.

Llevar a Jesús nuestras cargas presentes no significa cruzarse de brazos ociosamente o quedarse a dormir negligentemente sin intentar ningún esfuerzo. Significa confiar en él y descansar en él por la fe, sin desmayar. Significa también, si somos creyentes, orar y esperar en el Señor y ser capaces de mantener la calma en medio de las tormentas de la vida. Una preciosa afirmación se encuentra en Isaías 26:3: "Tú guardarás en completa paz a aquel cuyo pensamiento en ti persevera, porque en ti ha confiado".

(3) Las cargas del futuro. Como si fuera poco cargar con el pasado y con el presente, se suele cargar también con el futuro. Preocuparse y afligirse por el mañana es inútil. Excederse en los afanes y ansiedades es dañino para la salud, tanto física como emocional, y acusa falta de confianza en Dios. Jesús dijo: "Por tanto, no os afanéis diciendo: ¿Qué comeremos? o ¿Qué beberemos? o ¿Con qué nos cubriremos?... Más bien, buscad primeramente el reino de Dios y su justicia, y todas estas cosas os serán añadidas. Así que, no os afanéis por el día de mañana, porque el día de mañana traerá su propio afán. Basta a cada día su propio mal" (Mat. 6:31, 33, 34).

No conocemos el futuro pero sí al que es el dueño del mismo. Desconocemos qué será de nosotros mañana o pasado, pero nuestro futuro y nuestro destino están en las manos de Dios. Algunos textos que nos dan confianza y consuelo son: "Jehovah es mi pastor; nada me faltará" (Sal. 23:1). "Echa tu carga sobre Jehovah, y él te sostendrá. Jamás dejará caído al justo" (Sal. 55:22). "Echad sobre él toda vuestra ansiedad, porque él tiene cuidado de vosotros" (1 Ped. 5:7). Debiera bastarnos con saber el final, y el trayecto dejarlo en las manos de Dios. Una anécdota nos ilustra esto: un niño leía ávidamente una novela en la que Pedro Esforzado, desde una barca, pescaba en el Mar de los Sargazos. De repente un pulpo con uno de sus tentáculos hundió la embarcación, y Pedro cayó al agua. En ese momento excitante y dramático, aparece la mamá del niño en la habitación y le ordena apagar la luz para dormir. ¿Qué hacer? ¿Cómo iba a poder dormirse con su héroe en apuros? ¿Qué le sucederá? ¿Será víctima del pulpo? ¿Podrá salvarse? Preguntas innumerables desfilaban por su tierna mente, suficientes para impedirle conciliar el sueño. Entonces se le ocurrió una idea. Entró en el clóset, encendió la luz, buscó las últimas páginas del libro y leyó que Pedro estaba con su novia disfrutando de buena salud y felicidad. Sabía el final, por eso podía quedarse tranquilo aunque ignorara todos los avatares y las alternativas del futuro.

Nosotros, los que confiamos en Jesús, ya sabemos el final. Estaremos para siempre en la gloria con él (1 Tes. 4:17). No importa si desconocemos lo que sucederá en el tiempo que media entre el presente y el final. Podemos descansar en el Señor.

3. El contenido de la invitación

¿Qué es la invitación, qué significado tiene? En primer lugar es una invitación a ir a Jesús, directamente a él sin intermediario alguno. No ir a una religión, sino a una persona, a Jesús. En segundo lugar, es una invitación del verdadero descanso espiritual. Jesús nos invita a disfrutar de un descanso pleno: "La paz os dejo, mi paz os doy. No como el mundo la da, yo os la doy. No se turbe vuestro corazón, ni tenga miedo" (Juan 14:27). En tercer lugar, es una invitación a colaborar con él: "Llevad mi yugo sobre vosotros". Este yugo significa la responsabilidad de ser discípulo, la aceptación de la enseñanza del Maestro, y el compromiso de anunciar al mundo las buenas noticias del amor redentor de Dios. Esto que, desde el punto de vista humano, no es nada fácil, se torna fácil con la ayuda y el auxilio del Espíritu Santo: "porque mi yugo es fácil, y ligera mi carga". Finalmente, es una invitación a aprender de él que es manso y humilde de corazón, a fin de hallar descanso para el alma.

Esta invitación sin igual exige una respuesta, y por venir de quien viene merece nuestra consideración. De ella depende que sigamos cansados o que tengamos paz interior.

BIBLIOGRAFÍA

Anderson, Neil. *Rompiendo las cadenas.* Miami: Editorial Unilit, 1998.

Ávila, Alberto. "Cumpliendo con el proyecto de Dios". *La corriente del Espíritu,* Año 4, Nº 39, noviembre de 1999.

Bingham, Rowland. *La Biblia y el cuerpo.* Buenos Aires: Junta Bautista de Publica ciones, 1956.

Bravo, Daniel. "Acerca de la sanidad interior". *El Expositor Bautista,* Año LXXXVII, Nº 5, mayo, 1996.

Campolo, Tony. *¿Cómo ser Pentecostal sin hablar en lenguas?* Miami: Editorial Unilit, 1993.

Deiros, Pablo y Mraida, Carlos. *Latinoamérica en llamas.* Miami: Editorial Caribe, 1994.

Fabio, Caio. *Me duele.* Buenos Aires: Editorial Logos, 1993.

Fjordbak, E. *¿Demonios en los cristianos?* Deerfield: Editorial Vida, 1986.

Fumero, Mario E. *La sanidad emocional desde una perspectiva bíblica.* Miami: Editorial Unilit, 1995.

Gattinoni, Carlos. "Teología y psicología pastoral". *Psicología Pastoral,* Año 1, Nº 1, julio-septiembre, 1972.

Gillis, Carroll. *El Antiguo Testamento: Un Comentario Sobre Su Historia y Literatura,* Tomo IV. El Paso: Casa Bautista de Publicaciones, 1991.

González Q., Oscar. *Los curanderos.* Santander: Editorial Sal Terrae, 1977.

Graham, Billy. *El Espíritu Santo.* El Paso: Casa Bautista de Publicaciones, 1980.

Grau, José. *¡Buenas noticias!* Terrassa: Ediciones Evangélicas Europeas, 1874.

Guthrie, D. Motyer, J. A. *Nuevo Comentario Bíblico.* El Paso: Casa Bautista de Publicaciones, 1986.

Hagin, Kenneth. "La sanidad es la voluntad de Dios para usted". *Corriente del Espíritu,* Año 2, Nº 19, marzo, 1998.

Hammond, Frank e Ida. *Cerdos en la sala, guía práctica para liberación.* Miami: Editorial Unilit, 1973.

Hanegraaff, Hank. *Cristianismo en Crisis.* Miami: Editorial Unilit, 1993.

Harkness, Georgia. *La noche oscura del alma.* Buenos Aires: Editorial Methopress, 1964.

Jones, Stanley. *El camino.* Buenos Aires: La Aurora, 1953.

Koch, Kurt. *Ocultismo y cura de almas.* Terrassa: Editorial CLIE, 1968.

LaHaye, Tim. *Temperamentos controlados por el Espíritu.* Miami: Editorial Unilit, 1990.

Libert, Samuel O. "No confundamos 'sanidad interior' con ejercicio ilegal de la medicina". *El Expositor Bautista,* abril, 1996.

MacArthur, John F. *Los carismáticos.* El Paso: Casa Bautista de Publicaciones, 1997.

Martínez, J. M. *Cristo el incomparable.* Terrassa: Editorial CLIE,1970.

Monroy, Juan. "La depresión". *Restauración,* Año XIV, Núm. 163, septiembre, 1982.

Murphy, Ed. *Manual de guerra espiritual.* Nashville: Editorial Caribe, 1994.

Narramore, Clyde. *Enciclopedia de problemas psicológicos.* Gran Rapids: Zondervan, 1966.

Newport, John. *Demonios, Demonios, Demonios.* Buenos Aires: Junta Bautista de Publicaciones, 1973.

Ovando, Jorge. *Posesión Demoníaca.* El Paso: Casa Bautista de Publicaciones, 1997.

Padilla, René. *El evangelio hoy.* Buenos Aires: Certeza, 1975.

Palau, Luis. "La predicación es también obra social". *Continente Nuevo,* Nº 6, mayo, 1980.

Pereyra Alves, A. *Páginas Religiosas.* El Paso: Casa Bautista de Publicaciones, 1928.

Pidoux, Georges. *El hombre en el A. T.* Buenos Aires: Ediciones Carlos Lohé, 1969.

Ryrie, Charles C. *El Espíritu Santo.* Grand Rapids: Editorial Portavoz, 1993.

Saraví, Fernando. *El control mental cristiano.* Buenos Aires: Certeza, 1994.

Seamands, David A. *Curación para los traumas emocionales.* Terrassa: Editorial CLIE, 1986.

______. *La Curación de los recuerdos.* Terrassa: Editorial CLIE, 1986.

Stafford Wright, J. *La mente y lo desconocido.* Miami: Editorial Caribe, 1976.

Stott, John. *La misión cristiana hoy.* Buenos Aires, Certeza, 1977.

Strong, Augustus Hopkins. *Systematic Theology.* Volume II. Filadelfia: The Griffith and Rowland Press, 1907.

Vila, Samuel. *El Espiritismo y los Fenómenos Metapsíquicos.* Grand Rapids: Editorial Tell, 1961.

Wagner, Peter. "Demonios existen". *Los Elegidos,* Vol. 14, Publicación Latinoamericana Editada por El Puente, sin fecha.

______. *Espíritus territoriales.* Miami: Editorial Carisma, 1995.

Westmeier, Arline. *Sanidad del alma herida.* Miami: Editorial Unilit, 1998.

Zandrino, R. "Sanidad interior". *Compromiso Cristiano;* Año 21, Nº 58, abril 1998.

La depresión espiritual. La Hora de la Reforma, Vol. XI, Nº 1, sin fecha.